10秒でホンネがまるわかり

ブラック心理テスト

秘められた心の内面が見える！

パーソナリティー研究家
中嶋真澄 著

笠倉出版社

はじめに

本書は丸ごと自分がわかる心理テスト＆性格診断の本です。

第一章から第三章までは、自分でも気づいていない心の内面に
迫る、わくわくドキドキの心理テスト。
心理テストは自分の内面を映し出す鏡のようなもの。
簡単な質問に答えるだけで、心の奥底にある
あなた自身の本当の姿が浮かび上がってくるでしょう。
鏡に映った自分は一つではなく、まるで万華鏡のように
いろんな自分がいることに気付くかもしれません。
意外と腹黒い自分、ヘンな自分、エッチな自分、
思ったよりいとおしい自分……。
意外な自分に出会えたら、さらに第四章へと進んでください。

第四章では「はい」「いいえ」で答えていくだけで
あなたの基本性格がわかります。
自分の性格を理解すれば、仕事や人間関係の悩み、
将来のことや人生の選択に役立つヒントが得られます。
また、簡単なチェックテストで、あなたと恋人・結婚相手、
親しい友人など周りの人との相性がわかります。

それではまえがきはこのくらいにして、
さっそくやってみてください。

パーソナリティ研究家
中嶋 真澄

目次

第1章

恋愛・愛情編

テスト

1

雨が降ったらどうする？

いよいよ明日は、あなたが前からずっとやりたかった屋外イベントの開催日。だけど、天気予報は、「明日は高確率で朝から雨」とのこと…。さて、どうする？

A

開始1時間前までに判断し、降る確率が高そうだったら中止する

B

開始時間まで待って、降っていなければ開始、降り始めていたら中止する

C

小雨程度ならイベントを開始する

D

何が何でも予定通り行なう

診断

1

このテストでは…
あなたの「モテ期」がわかります

モテ期が来ている人は、異性を引き付けるエネルギーがあり、それがオーラのように輝いているもの。そのエネルギーは、自分から魅力的な異性がどこにいるかを嗅ぎ付け、異性のいる場所へと引き付けられていくエネルギーでもあります。

A

あなたの**モテ期はまだまだ先**のよう。オーラが欠けており、あなた自身も異性に強く惹かれるエネルギーが不足気味と感じているのでは？これはと思う人がいても目を合わせたり、それとなくサインを送ることができず、合コンに行っても誰ともメールアドレス一つ交換しないで、空振りのまま帰ったりしていませんか？出会いや濃厚な恋愛を描いた映画などを見て、エナジーを高めましょう。

B

あなたの**モテ期はまだ少し先**のよう。オーラは少ししか出ていません。自分に異性を引き付ける魅力があるということに自信がもてないのでは？モテ期はあなたの中のエナジーが活性化してこそ到来するもの。もっと、獲物を狙う動物のような獰猛なエナジーを解放しましょう。それがオーラとなって輝き、あなたのモテ期が到来します。

C

あなたは**そろそろモテ期が近づいています。**最近、なんとなく誰かの視線が気になるとか、異性が寄ってくる感じがしませんか？また、周りに魅力的な異性が増えたと感じませんか？あなたの中のエナジーが高まり、異性を引き付けるオーラとなって輝き始めています。あなた自身も、本能的に異性に吸い寄せられるように近づいていくでしょう。本能の赴くままに恋をしてみてください。

D

あなたは**まさに今がモテ期。**異性を引き付けるエナジーが全開で、出会いのチャンスはいくらでもあるでしょう。出会った人とはすぐに恋におち、恋をしている間にまた、他にも魅力的な人が現れて「付き合って」なんて言われそう。キラキラ輝いていられるせっかくのモテ期ですので、自分が主役の恋を楽しみましょう。

テスト

2

特殊能力を持っていた！

ある日あなたは、自分に特殊な能力が備わっていることがわかりました。
それはいったいどんな能力？

A 他人の心が読める

B 超人なみの体力とパワーが使える

C 透明人間のように姿が見えなくなる

D 未来に起きる出来事を予知できる

E 夜の間だけ空を飛べる

診断

2

このテストでは…
あなたの「愛情欲求度」がわかります

誰でも心の奥底では自分は特別でありたい、特別な存在として愛されたいという欲求を抱えているもの。選んだ答えから、あなたの愛情欲求と愛についてどのような思いを抱いているかがわかります。

A

愛するよりも、はるかに多く愛されることを求めています。けれども、自分が望む通りに愛されなければ、「これは本当の愛ではない」と失望し、傷つきます。付き合っている人に対しては、愛を確かめるために、わがままになったりして相手の気持ちを試すようなところがあります。相手はあなたの気分屋な面に嫌気がさすかも。愛されたいなら、子供じみた甘えは抑え、相手を思いやる気持ちを表現しましょう。

B

心のどこかで自分は**十分に愛されてこなかった、愛を与えてもらえなかった**という思いがあるようです。でも、それは実際に起こったことではなく、あなたの傷つきやすさがそういった思いをもたらしているのかも。自分が拒絶されることを恐れて、初めから愛に背を向けた生き方をしようとしているようです。傷つくことを恐れずに、愛を求めましょう。

C

とても純粋ですが、**安易に「愛している」などとは言えない**タイプです。自分の中に愛はあっても、好きな人に対して相手が喜ぶような言葉をうまくかけられず、態度で表すことも難しそう。愛という感情に飲みこまれるのが怖くて、相手の愛を素直に受け入れることができずに冷静を装ってしまうのかも。愛情の出し惜しみをせず、好きな人には気前よく愛情を注ぎましょう。

D

愛し愛されたいという気持ちの強い人。けれども、どこかで愛を信じることができず、愛する人のことを疑ってしまいそう。自分はいつか見捨てられるのではないかという不安を感じてしまうのです。二人の関係がうまくいっていても安心できず、うまくいっていればいるほど、疑う気持ちが募り、落ち着いていられなくなるでしょう。あなたには信じるということが必要です。

E

自分は**嘘偽りのない愛を手に入れたい**と望んでいますが、世の中の人の多くは真実の愛を手に入れていないのではないかと思っているようです。あなたにとって愛は、ただ人を幸せにするだけのものではなく、愛するがゆえの悲しみや苦しみもあると思っています。そのため、愛についての詩や音楽を聴き、小説を読み、心奮わせる愛を感じていたいと思う傾向が強いようです。

テスト

3

好きな色、色の組み合わせ

美術館でいろいろな絵や写真を眺めています。次の4つのなかで、あなたがいちばん好きな色、または好きな色の組み合わせはどれですか？

B セピアカラーのアルバム

A カラフルなレインボーカラーのイラスト

D モノクロの写真

C トリコロールカラーのデザイン画

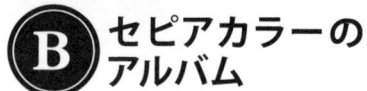

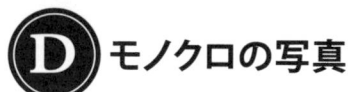

診断

3

このテストでは…
あなたの「恋愛傾向」がわかります

誰でも基調となる感情傾向や、気分の流れがあるものです。色の好みは、その人特有の感情や、気分的傾向とリンクしています。どんな恋がしたいのか、その人の恋愛にまつわる心模様も、どんな色を好むかで浮かび上がってきます。

A

恋は楽しくなければと思っている人。**惚れやすく、フィーリングが合うと感じた相手とは、すぐに軽いノリで付き合えます。**デートの時にはいろんなところに出掛けて一緒に楽しめるでしょう。一人の人と付き合っていても、近くに魅力的な人がいればつい目移りし、あの人とも付き合ってみたいと思う浮気性タイプ。結婚も、一緒に暮らせば楽しそう。うまく行かなくなれば別れられるぐらいの軽い気持ちでできそうです。

B

ロマンチックな恋を夢見るタイプ。**誰かを好きになると、その人を理想化する傾向**があります。俳優や映画やアニメなど物語の中の主人公に強く憧れることが。既婚者や独身を貫く誓いを立てた聖職者、同性を愛する人などに恋をすることもありそう。現実に手の届くところにいる相手とは、会っている時よりも、離れている時の方が恋心が高まるでしょう。結婚しても、他の異性の前では独身のような顔をしています。

C

自分を輝かせてくれる恋がしたい人。**相手のルックス、職業、年収、肩書などにこだわり、できるだけランクが上の恋人を得よう**とします。そのためには、自分が価値の高い恋人とみなされることが大切。そこで、価値を高めるため最大限に自分の魅力を磨く努力を怠りません。しかし、理想が高すぎて恋人いない歴が長くなることがあるでしょう。理想に近いスペックの人に出会えたと思ったら、性格や人間性、素行の面で問題ありということも。

D

情の深い人。**一人の人に深く思い入れし、とことん愛し尽くそうとします**。ですが、同時に、肉欲的・官能的なものを求めます。しかも、恋人との間に、何か二人が結びつくことを妨げるような障害があればあるほど燃えるというタイプ。身分や住む世界の違い、大きな年の差、スキャンダラスな不倫、通常認められない関係などは、あなたの恋の情念を燃やすものとなります。

テスト

4

ミツバチがとまった花は…

美しい花畑にミツバチがやってきました。
ミツバチはどんな花にとまりましたか？

A いちばん目立つきれいな花

B ひかえめに咲く可憐な花

C いちばん香りのいい花

D まだつぼみが開きかけたばかりの花

E 蜜がたくさんある花

F あちこち飛び回っていろんな花にとまる

診断

4

このテストでは…異性に「どんな魅力」を感じているかがわかります

ミツバチは男性、花は女性を意味しています。あなたが男性なら、選んだ答えはあなたがどんな女性に魅力を感じ、エッチしたいかを表しています。あなたが女性なら、男性はどんな女性に魅力を感じ、エッチしたいと思っているのか、あなたが思っていることがわかります。

A

あなたが**男性**なら、自分の価値をあげるため、**美人と付き合いたい**と思っているようです。しかし、ストレートに美人にアプローチしてもふられるリスクがあるので、あくまで美人は「観賞用」とかいいながら、近くの手の届きやすい女性で妥協しそうです。あなたが**女性**なら、「男性は**やっぱり美人が好きなのよね**」と思っているのでは？

B

あなたが**男性**なら、**普通っぽくて、でも可愛い**といった感じの女性が好きなようです。自己主張が激しい勝気なタイプではなく、「うん」「うん」と自分の話を聞いてくれ、自分の言うことに従ってくれるような女性がお好みでしょう。あなたが**女性**なら、「男性って**なんだかんだ言っても、可愛い子が好きよね**」と思っています。

C

あなたが**男性**なら、**女性の香りに惹かれていく**タイプ。女子力の高い香りを漂わせた人とすれ違っただけで、ムラムラしてくるのでは?本能的に女性を求めていくタイプなので顔とか性格は関係なく、自分より年上の性的に成熟しきった、経験豊かな女性に導いてもらうのが夢なのかも。あなたが**女性**なら、「男性は**フェロモン系の女子力高そうな女性に惹かれていく**」と思っているのでは?

D

あなたが**男性**の場合、恋人にするなら、まだ**性的に未経験な女性を好む**ようです。それ故、少女のような自分よりずっと若い女性に惹かれる傾向がありそう。でも、意外と若く見えうぶな少女のように見える女性が、あなたよりずっと経験が豊かだったりするかも。あなたが**女性**なら、「男って、**結局若い女の子が好きよね**」なんて思っていませんか。

E

あなたが**男性**なら、**恋人というよりエッチの相手**として、周りの女性を見ているでしょう。恋人にするには、ちょっと濃すぎるけど、エッチのお相手ならぜひしてほしいと、都合のいい願望を抱きながら、魅力を感じる女性をなめるように眺めているのかも。あなたが**女性**なら、相手の男性は**エッチが目的なのかどうかがいつも気になっている**ようです。

F

あなたが**男性**なら、**付き合う相手は一人に決めたくない**タイプ。外見はもちろん可愛いほうがいいけれど、そこそこ可愛ければいいようです。性格的には特に好みはなく、どんなタイプの女性でもＯＫ。付き合った彼女の数が多いほうが男性の勲章みたいに思っているふしがあるようです。あなたが**女性**なら、「**男性はみんな浮気性**」と思っているようです。

テスト

5

履き心地の良い靴、悪い靴

あなたにとって「履き心地の良い靴」「履き心地の悪い靴」とはどんな靴ですか？
思いつくままに答えてみてください。

●あなたにとって「履き心地の良い靴」とは?

例えば…

- 長く歩いても疲れない靴
- 痛くならない靴
- ヒールが高すぎず、低すぎず歩きやすい靴
- 革がやわらかく、足にぴったりフィットするもの
- 機能性が高いもの

●あなたにとって「履き心地の悪い靴」とは?

例えば…

- 痛い、きつい、靴擦れする
- つま先が細くて窮屈
- 長く歩くと疲れる、マメができる
- 服に合わずダサい

診断

5

このテストでは…恋人との一番「心地よい関係性・付き合い方」がわかります

靴はファッション性だけでなく、足に十分なじむかどうか、フィット感が大切です。「履き心地のいい靴」は、恋人との一番心地よい関係性・付き合い方を暗示し、「履き心地の悪い靴」からは望まない関係性・付き合い方がわかります。

●「履き心地の良い靴」は…

「ヒールの高さ」は背伸びしないで付き合えるちょうどよい相手を、「フィット感」は包容力を意味しています。体の相性も含め、背伸びをせず、素の自分を受け入れてくれるような人と付き合いたいという気持ちを表しています。

●「履き心地の悪い靴」は…

つま先や横幅などは人間的な幅が狭さを、履いたときの痛みは包容力のない相手の暗示です。底が薄い、長時間による疲れは、自分と合わず自分より器が狭いと感じる相手を意味しています。体の相性も、こんな相手とはしたくないというのを表しています。

テスト

6

サンドイッチの具は何にしよう?

仕事で出張中に一人でビジネスホテルに泊まることになったあなた。夜遅く着いたので、晩御飯も食べないままホテルへ向かうことに。レストランなどは開いておらず、ホテルに向かう途中で何か買って部屋で食べようと店に立ち寄ったら、サンドイッチしか売っていませんでした。何のサンドイッチを選びましたか?

A ミックスサンド

B 野菜サンド

C フルーツサンド

D カツサンド

診断 6

このテストでは…あなたが抱く「欲望」と「エッチレベル」がわかります

サンドイッチのパンはあなた自身、パンに挟まれた中身はあなたが欲望を抱く対象を意味しています。あなたがどんな欲望を抱き、どんなエッチをしたいと思っているかがわかります。

A

ミックスサンドを選んだあなたは、エッチの相性ってほんとにあるの?と**好奇心いっぱいの人。**一人だけではわからないから、何人かの人と試してみたいと思っているようです。一人のときにこっそり、他の人のエッチに関するQ&Aや、体験談などをネット読んで「みんなこんなこともしてるのか」なんて、興奮していませんか。その反応は極めてノーマルです。

B

野菜サンドを選んだあなたは、**エッチに関して潔癖症。**コトに及ぶ前に、必ずシャワーを浴びてからとか、きちんと手順を踏みたいタイプ。相手はもちろん好きな人とだけで、二股はかけられません。自分では極めてノーマルと思っていても、同じ相手とのエッチでは、多少変態的な体位なども試してみたいという願望があるようです。

C

フルーツサンドを選んだあなたは、**前戯で興奮させてほしい人。**お互いに愛の言葉をささやきながら、絶頂に達したいようです。エッチは好きな人と愛を確かめあうためのもの、と思っているはず。でも、意外とボディタッチに弱く、見ず知らずの異性でも、ついその気になってしまうことが。行為は、アブノーマルなことを求められるとシラけてしまいそう。

D

カツサンドを選んだあなたは、**本能の赴くままにエッチしたい人。**そそられる相手がいれば、いつでもどこでもその気になれそう。本能的に体の相性のよさそうな異性に近づく傾向があり、気が付いたらいつの間にかそういう関係になっていたということも。アブノーマルなところはなさそうですが、性欲は強く持続するタイプです。

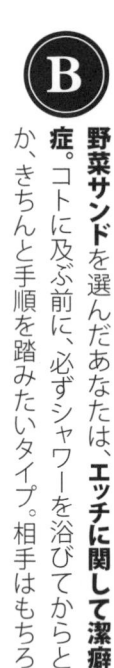

テスト

7

液体をよくかき混ぜよう!

あなたは料理教室で料理を習っています。先生から、何かさらっとした液体の入ったボウルを渡され、「よくかき混ぜておいて」と言われました。どのくらいよくかき混ぜる?

A 軽くかき混ぜて、ドレッシングができる程度

B ある程度かき混ぜて、ふわっと白く泡立つクリームができる程度

C よくかき混ぜて、ペースト状のソースができる程度

D 先生に「それくらいでいいですよ」と言われるまで

診断 7

このテストでは…あなたの「サド・マゾ度」がわかります

かき混ぜ方には、あなたの気質が反映しています。気が短い人は短時間で終え、気の長い人はゆっくりと長時間かき混ぜることができるでしょう。かき混ぜてできたものの状態はあなたの粘着度を表しています。気が短い人はサド的、粘着系の人はサドマゾ両面を持っている可能性があります。

A

気が短く、何でも自分の思い通りにしないと気が済まないタイプです。あなたは本当はとても攻撃的で、サディスティックな気質を隠しています。欲望の対象を**自分に服従させたいサドタイプです。**

B

表面は穏やかに振る舞う人ですが、基本は自分本位。一見思いやりのありそうな態度の裏には、人を自分の思い通りにしたいという願望があります。心理戦で、ジワジワと相手を攻め、痛めつけていくことに快感を覚える**心理的サドタイプ**です。

C

普段は真面目で礼儀正しいですが、ちょっとしつこく粘着的な所があるようです。人をネチネチと責めることに快感を覚えますが、自分が責められることにも暗い喜びを感じています。**密かに、サド・マゾ的**な恋愛関係やプレイにはまる可能性がありそうです。

D

人に従う人。人から可愛がられるタイプですが、相手の好きなようにいじられる可能性も。いじめられて喜ぶマゾタイプ。相手に命令されてサド的なことをしてしまうことも。基本はマゾですが、**相手次第でどちらの役にもなる**でしょう。

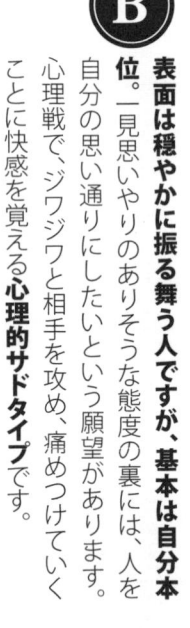

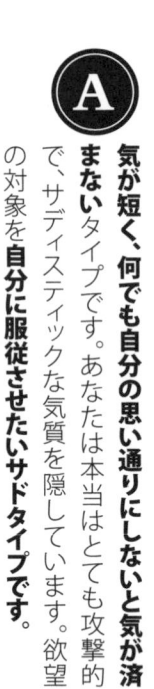

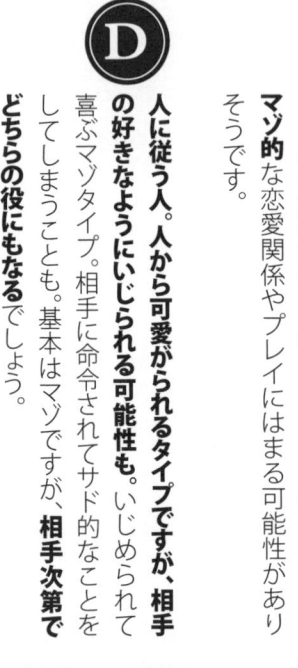

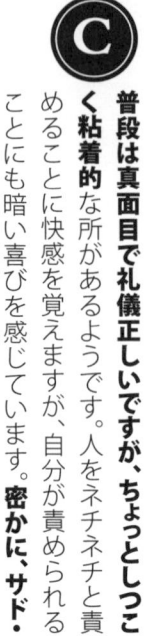

テスト

8

捨て猫どうする?

家の近くの公園を通りがかったところ、木の下から子猫が飛び出し、あなたの足にすり寄ってきました。どうやら捨て猫のよう。子猫はお腹をすかしているらしく、みゃーみゃーと哀れな声で鳴いています。どうしますか?

A かわいそうなので、とりあえず家に連れて帰る

B 餌を持ってきて、そこで餌だけあげることにする

C 猫好きの友達か誰かに連絡して「どうしたらいい?」と相談する

D 見て見ぬふりをして、そのまま通り過ぎる

診断

8

このテストでは…あなたの「異性の友達や同僚に対する態度」がわかります

捨て猫に対する態度は、失恋して傷ついている異性の友達や同僚に対してあなたがとる態度です。それはまた、自分は特別な気持ちを抱いているわけではないのに、相手から好意を持たれ、積極的に迫られた場合に、あなたがとる態度でもあります。

A

すぐ相手に感情移入してしまうタイプ。悩み事を相談してくる異性がいると、自分が慰めてあげたくなります。悩みを聞いているうちに言葉だけではなく、関係を結んでしまうことも。積極的に近づいてくる異性にも、相手が望んでいるならとエッチなこともしてしまう可能性があります。

B

ギリギリ一線を越えないタイプ。悩み事を相談してくる異性には、喫茶店で一緒にお茶を飲みながら、またどこかで食事をしながら話を聞いてあげたりします。相手に同情して、「今日は奢るよ」なんて言いそう。自分にその気のない相手から迫られても、それ以上の関係にはなりません。

C

面倒なことにならないよう距離を置くタイプ。悩み事を相談してくる相手には、友達の一人として接する程度に留めます。自分にその気のない相手から積極的に迫られそうになったら、一対一では会おうとせず、友達を呼び、友達にその相手を押し付けてしまうかもしれません。

D

自分には関係のないことと思っているタイプ。好きな相手ならともかく、特別な感情を抱いているわけでもない相手から、失恋話を聞かされても別に面白くないし、興味も持てません。自分にその気のない相手から迫られても鬱陶しいだけ。気づかなかったフリをしたり、無視したりするでしょう。

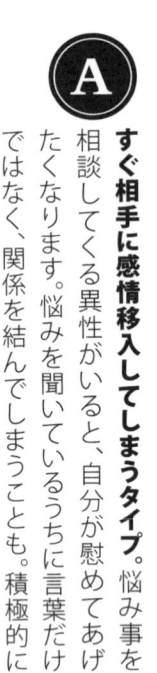

テスト

9

携帯・スマホ、いつ買い替える？

あなたはどんな携帯・スマホを使っていますか？
機種変更したり、買い替えたりするタイミングはいつですか？

A ガラケーをずっと使い続けている。しばらく買い替える予定はない

B いくつか機種変更したが、今の所現在使っているスマホで用が足りる

C 新しい機種が出たら、なるべく早く買い替えるようにしている

D プライベートで2台以上所持し、使い分けしている

診断

9

このテストでは…あなたの「恋人との付き合い方」がわかります

携帯・スマホの所有の仕方や買い替えるタイミングは、恋人との付き合い方とよく似ているものです。あなたの付き合い方をみてみましょう。

A

恋人は慣れ親しんだ人がいいというタイプ。**一人の人と長く付き合っていきそう。**相手が変わって、また一から恋の駆け引きを始めるのは面倒です。長く付き合っていれば、お互いのことがわかってくるので、いちいち気を使う必要もないからです。お見合いで結婚するのが向いているかも。

B

誰かと付き合っていても、**本当にこの人でいいのかしらという気持ちがあり、多少の迷いもある**ようです。もし、周りに魅力的な異性が現れれば、心動かされるかもしれません。でも、すでに付き合っている人がいれば、結局はその人と付き合い続ける方を選択するタイプです。

C

一人の人と長く付き合っていると新鮮味が薄れ、**新しく出会った異性の方がより魅力的に感じられます。**付き合っている人がいても、別の異性に目移りし、その人とも付き合ってみたくなるでしょう。前の恋人とはマンネリ化から自然消滅し、次の恋人に乗り換えるといったことが起こりそうなタイプ。

D

これまでに付き合った人は、複数いるはず。**性格やタイプのえり好みはなく、いろんな人と付き合ってみたい**のでしょう。付き合っている人がいても、他の異性に目移りすることが多いでしょう。恋人がいても、他にも彼氏（彼女）がいるとか、二股をかけていることもあるのでは？

テスト

10

食べ終わった袋菓子の捨て方

スナックの袋菓子などを食べ終えたとき、どのようにして空袋を捨てていますか?
普段のやり方で近いものを選んで下さい。

A 空袋の口が開いた、そのままの状態で捨てる

B 袋をぺしゃんこにして2つ折りにし、ゴミ箱へ捨てる

C 袋をぐじゃっと潰し、丸めてゴミ箱の中へポイ

D なるべく細かく小さく折りたたんでからゴミ箱へ

診断

10

このテストでは…あなたの「セックス後の態度」がわかります

中身を食べてしまったあとの袋の捨て方は、欲望を満たした後のあなたの態度を示しています。このテストでは、セックスをした後のあなたの態度があぶりだされます。

A

ぼうっとしていて、よかったのかよくなかったのか、**相手に伝わりにくいタイプ**。期待外れに終わったセックスでは、無反応になってしまい、そのあと相手に対しても関心をなくしてしまいます。

B

終わった後は、「のどが渇いたね」とか、「何時に出なければならないの?」など、**普通に会話するタイプ**。期待外れに終わったセックスでは、イラッとした態度を相手にぶつけてしまいます。

C

体力勝負でがっつり欲望を満たしたいタイプ。満足できれば、機嫌がいいでしょう。でも、期待外れに終わったセックスでは、あからさまに不満な様子でつまらなそうな態度をとって、相手に冷たくあたりそう。

D

相手が満足しているかどうかが気になり、**セックスの最中に、いいかどうかをしつこく確認したりするようなタイプ**。欲望追求に貪欲な反面、始める前にシャワー、終わったすぐにシャワーという潔癖症のところもありそう。

第2章

仕事・人間関係編

テスト 1

SNSは何を使っている?

あなたは普段SNS(ソーシャル・ネットワーキング・サービス)を利用していますか?一番よく使っているもの、または使いたいと思っているものを答えてください。

A

無料通話でスタンプなどが送れるもの

B

実名で顔写真入り。友達の数や誰と誰がつながっているかがわかるもの

C

実名でもニックネームでも使え、短い言葉で呟けるもの

D

自分の趣味や書きたいことを掲載、日々更新できるブログ

E

自分からはあまり発信せず、閲覧のみ

診断 1

このテストでは…あなたの「現状満足度」がわかります

ＳＮＳは、ほぼリアルタイムで人とつながる道具であると同時に、いまの自分をアピールすることのできる道具でもあります。ＳＮＳの利用の仕方から、あなたが今の自分についてどう思っているかがわかります。

A

今が楽しければいいと思っている人のよう。あまり野心は高くなさそうです。野心を持ちすぎるとストレスがたまると感じているのかもしれません。**現状満足度はそこそこ高い**のでは？自分と同レベルの友人や仲間と一緒にいる分には、それでＯＫ。でも、自分たちよりずっとできる人、レベルの高い人に出会うと、気持ちはぺしゃんこに折れてしまい、「どうせ自分は…」と屈折した思いにかられそう。

B

自分のことが好きな人。わりあい野心が強く、人に負けたくないという気持ちがあります。競争意識に駆られることも多いのでは？そこそこ自分に自信を持っているという点では、**現状満足度は高い**ようですが、それで終わらないところがあなたの性。常に何かの目標を持ち、ワンランク上を目指しているので、現状に満足していない人といえるでしょう。

C

世の中に対しても自分に対しても不満を抱えている人。露骨な野心家は嫌いで、冷ややかなまなざしを向けますが、自分はというと密かに今のままでは終わりたくない、何者かになってやるという野心を持っていそう。人に影響を与える人間になりたいと望んでいるところも。自分は人に好かれる人間ではないという、少しネガティブな自己イメージを持っているようです。

D

良くも悪くも自分の置かれている現状を受け入れている人。そこで自分に何ができるかを考え、できることをやろうとしているのでしょう。野心を抱くことよりも、自分の世界を大切にし、その世界を理解してくれるような人とつながることに喜びを感じます。何らかの形で自分のオリジナリティが表現できるような表現手段を持つことが、充実した生き方につながるでしょう。

E

現状に大いに不満を抱いている人。頭の中で空想していることと現実がうまくつながらず、リアルな充実感＝リア充が感じられないのでは？野心はあっても、それを実現する方法がわからないのかも。もし、自分以外はみんなバカと思ったり、社会に対して反抗心が湧き、アンチソーシャルな気分になったときは注意して。現実に立ち戻り、地に足の着いた行動をとるようにしましょう。

テスト

2

深い海の底で見つけたものは？

あなたはダイビングを始め、プロのダイバーなみに海に潜れるようになりました。ある時、まだ誰も潜ったことがない深い海の底で、あるものを発見しました。

それは何でしたか？

A
海賊に盗まれた
ダイヤモンドなどの財宝

B
遠い昔に海に沈んだ古代の遺跡

C
海難事故で難破した幻の豪華客船

D
誰も見たことのなかった幻の深海魚

診断

2

このテストでは…
あなたが「人からどんな扱い方」をされたいかがわかります

海はあなたの潜在意識を暗示しています。深い海の底で見つけたものは、あなたの心の奥底にあるもので無意識のうちにあなたの思いや行動に影響している欲求を表しています。そこから、あなたが人からどんな扱い方をされたいと思っているかがわかります。

A

自分の価値を認めてほしい人。心密かに自分は価値ある人間だと思っています。**人から褒められ、特別扱いされ、ちやほやされると心地よく**感じられます。自分がみんなの中心になっていたいタイプです。おだてに乗りやすいところがあり、他の人が褒められたり、ちやほやされているのを見るのは面白くありません。その人の足を引っ張ってやりたい衝動に駆られるでしょう。

B

自分の意見を尊重してほしい人。心密かに自分は正しいと思っています。頑固で自分へのこだわりが強く、人に何を言われても、「自分はこういう人間」と、自分の考えや態度を変える気はありません。自分のことを話し始めたら、くどくどと話が長引き、言い訳なども多くなりそう。人には自分の意見を押し付けるけれど、他人の意見にはなかなか同意せず、「でもね」「だけど」を繰り返し、「イエス」と言わないタイプです。

C

安心できる付き合いを求めている人。困った時には相談相手になってくれる人を求めます。周りの人には**裏表のない率直な態度で接してほしい**と思っています。しかし、そう思うのは自分自身に裏表があり、本音と建前の区別があるからなのかも。あなたはなかなか他人を信用しきれないようです。一番怖いのは仲間外れにされることで、嫌なのは陰で悪口を言われること。でも他人に対して、それをやっているのは、あなた自身かもしれません。

D

人にあまり構われたくない人。自分の世界はわかる人にしかわからない。わからない人にはずけずけと踏み込まれたくないと思っているようです。同じ趣味や共通の関心事があり、お互いに理解しあえると感じた相手に対しては、自分から心を開いていけるでしょう。そうでない人に対しては、何か聞かれても淡々と短い言葉で応答し、そっけない態度になってしまいそう。周りの人からは、話の続かない人、気づまりな人と思われているかも。

テスト 3 さて、何のテストでしょうか？

次のQ1～Q15までの各項目で自分に当てはまるものにチェックし終えたらその数を数え、診断ページに進んでください。

チェックリスト

Q.1	通りすがりの人が笑っているのを見ると、自分のことを笑っているんじゃないかと思う。	□
Q.2	「そんなことをしたら警察につかまるぞ」と言われると、すごく怖い。	□
Q.3	財布が見当たらないと、すぐ盗まれたのではないかと人を疑ってしまう。	□
Q.4	ブログや掲示板の書き込みなどで、名指しされていなくても、これは自分のことだなと思うことが時々ある。	□
Q.5	悩みがあって知らない占い師に相談すると、料金をぼったくられると思う。	□
Q.6	家をあけると、火事になるのでは、泥棒に入られるのではと、気になってしかたがない。	□
Q.7	「恋人が浮気をしているかも」と悩んでいるより、いっそのこと浮気の現場をおさえたほうがまだ気が楽だ。	□
Q.8	冗談を言われると、バカにされているように感じることがある。	□
Q.9	悪いことが起こりそう、失敗するのではと思うと、だいたいそうなる。	□
Q.10	「誰かが自分のことを陥れようとしているに違いない」と思うことがある。	□
Q.11	夜寝るとき、考え事をしていると全然眠れなくなることがある。	□
Q.12	相手が自分から目をそらすのは、わざと無視しているか、自分を嫌っているからに違いない。	□
Q.13	車のナンバーやレシートの日付などから、ふと意味のある数字が浮かび、何か起こりそうと感じることがある。	□
Q.14	人ごみを歩いていると、わざわざ自分の方に向かってくる人がいて、ぶつかりそうになることがある。	□
Q.15	外に出て街を歩けば、よく誰かに見られているような感じがする。	□

診断

3

このテストでは…あなたの「被害妄想度」がわかります

猜疑心から、周りの人に何かされているのではないかと思う。ありもしない不安におびえ、悪いことばかり起こるのではないかと考える。そういったネガティブな心の傾きは、多かれ少なかれ、誰にでもあるもの。それが極端になると、被害妄想的になり、人間関係も悪化する場合があります。

チェックが12個以上……被害妄想度90％

かなり被害妄想的なところのある人。とても**警戒心が強く、疑り深いところがあります**。些細なことで不安になり、何でも悪いほうへ悪いほうへと考えがち。それでますます、自分を恐がらせてしまうところがあるようです。普段からネガティブで妄想的な空想にかられがちで、なかなか心が休まる暇がないでしょう。瞑想やリラクゼーション法などを取り入れ、心の中の不安を鎮めてみては。信頼できる癒しのプロを探し、癒してもらうのもいいでしょう。

チェックが8～11個……被害妄想度70％

わりあい警戒心の強い人。頭では馬鹿げた空想だと思っていても、**ついつい悪いことばかり考えてしまうことがある**ようです。妄想癖にとらわれ、普段から気を張っていて、何に対しても構えているようなところがあります。そんなあなたは、自分の中の被害妄想的な想像力をプラスに生かす道を考えてみてもいいかもしれません。例えば、防犯やセキュリティ関連の仕事、事故や災害を想定した危機管理の仕事などに従事すれば実力を発揮できるでしょう。

チェックが4～7個……被害妄想度40％

被害妄想的な部分は少ないようです。たとえ不安にかられることがあっても、**右往左往することなく、現実的な対応ができる**でしょう。物事を悪い方へと考えるだけの想像力に乏しいのが幸いしているのでしょう。そんなあなたは、被害妄想的な世界の描かれたホラー小説や映画の中で、一時の不安と恐怖を味わってみるのが、刺激になっていいかもしれません。

チェックが3個以下……被害妄想度20％

ほとんど被害妄想的なところはありません。**めったに人を疑ったりせず、自分の人生に不安を感じることもない**人のようです。そういう意味では楽天家と言えるでしょう。しかし、被害妄想的な空想の中には、ある種の真実が含まれており、それが警告となって危険から逃れられることもありうるわけです。そういう不安感を感じないあなたは、単に鈍感なだけということもありえます。

テスト

4

オフ会に誘われたけれど…

ネットでつながっている人から、面白そうな親睦会に誘われました。思い切って参加してみたものの期待外れ。この次誘われても行かないだろうなと思いました。

その理由は?

A 自分以外はみんな友達のようだった

B 参加者があまりに少なすぎた

C 参加者は多いけど話の合いそうな人がいなかった

D 人数のわりに食べ物・飲み物が足りなかった

診断

4

このテストでは…
あなたの「サバイバル能力」がわかります

人の集まる場所でどんなことに関心が向かっているかということから、あなたがこの社会で生き残っていくためにどのような戦略をとっているかがわかります。

A

自力で生き残るしかないと思っていて、実際サバイバル力のあるタイプ。**人は誰も助けてくれないと思っているよう**。人に弱みを見せると付け込まれると思い、必要以上に強がっているところも。どんなに困っていても、人の世話になるのなんかまっぴら。何でも自分の力でやるしかないと思っているため、逆境には強くへこたれません。どん底からでも這い上がってこれるでしょう。

B

自分一人の力では生き残れないと思っているタイプ。**生きていくためには人とのつながりを持つことが必要と感じている**のでしょう。人間関係や人脈を利用して、人生を自分に有利に展開していこうとします。実際、人とつながることでいろいろな情報を交換し、互いに助け合うことができます。必要なものがあれば、人に譲ってもらったり、人の紹介で仕事を得るといったこともできそう。うまく生き残れそうな人です。

C

ただ生きているだけでは意味がないと思っているタイプ。**自分が生き残ることを目的に何かをしようという気はない**ようです。自分の身を守るような生き方ができず、無茶なことをしてしまうことがあります。人を信じやすく、必ずしも自分の利益にならないような人と付き合ってしまうこともありそう。うまく生き延びるためには、やりがいのある仕事を見つけ、それで食べていけるだけの能力やスキルを磨く必要があるでしょう。

D

自分を大事にする人。**自分自身が生き残ることに一番の関心が向いていそう**。自分の体調を気遣い、できるだけ、体力・エネルギーを温存し、無駄に消耗しないようにしているようです。何かあったときに困らないよう、万が一に備えて、お金や物をため込んでいるかもしれません。例えば、飢饉の時に皆食べ物もなく痩せ細っていく中で、それまでに溜め込んだ皮下脂肪で最後まで生き残れるようなタイプです。

テスト

5

罠にはまって大ピンチ！

あなたはある国のスパイ。これまで密かに諜報活動を行ってきましたが、気づくと敵国のスパイの罠にはまってしまっていました。あなたにとって、これは最悪の事態。一体、どんな事態でしょうか？

A 監視カメラですべての行動を監視されていた

B 大切な人を人質にとられてしまった

C 自分自身が拉致され監禁されてしまった

診断

5

このテストでは…あなたの「嫌われ癖」がわかります

あなたにとっての最悪の事態と思われることは、人からされると嫌なことを表しています。人からされると嫌なことは、大抵その本人が、知らずに人に対してやっていることでもあります。このテストでは知らずにやっているかもしれないことから、あなたの嫌われ癖を診断します。

A

一番嫌なのは、自分の一挙手一投足が見張られているような感覚。それは人から批判されたくないという気持ちにつながっています。ですが、あなた自身が他人をアレコレ批判していることが多いのでは?どうも**人の欠点や物事の至らない面に目が向きやすい**ようです。自分では気づかずに、文句や不平不満を口にしながら、人と関わろうとしていることがあります。「また何か文句いわれそう」と、周りの人から遠ざけられてしまわないように気をつけて。

B

人付き合いで、いろいろ気を使っていることが多いようです。周りの人とはできるだけ仲よくやっていこうとしています。人に意地悪なことを言ったり仲間外れにする行為は嫌だと思っているようです。ところが、あなた自身が**人を好き嫌いで判断し、嫌いな人には意地の悪い態度をとったり、気に入らない人を分け隔てして、仲間外れにする**ようなことをしていませんか。意地悪はきっと自分に返ってきますよ。

C

自由を奪われ、人に支配されるのが一番嫌な人。他人の命令に従うことなど耐えられないと思っているようです。ところが、あなた自身が**人を自分の思い通りに動かそうとしている**ことがあるのでは?人に対して命令口調で話したり、「嫌ならやめれば」などと半ば脅しのような言い方をしていませんか?人は誰でも、「やらされている」感じがすると抵抗を示すもの。人を動かそうと思えば、むしろへりくだって、相手を立てることが必要です。

テスト 6

もう一人の自分が来た世界

パッとしない日々を送っていたあなたのところに、もう一人の自分が何かメッセージを伝えにやってきました。その自分は一体どこから来たのでしょうか?

A 過去から来た

B 未来から来た

C パラレルワールド（異次元）から来た

診断

6

このテストでは…あなたの「人生の落とし穴」がわかります

もう一人の自分はあなたの中の心の声を表しています。ここでは、あなたの思いや行動について、命令や禁止のサインを出す超自我と呼ばれるものの象徴。その声から、陥りやすい人生の落とし穴がわかります。

A

過ぎたことをくよくよ悩み、後悔や反省をしやすいタイプ。自分の努力や能力が、自分の求める水準や理想に届かないと感じているのかも。理想が高すぎると、かえって何をやっても達成感が得られません。適当なところで自分に優しくし、OKを出してあげましょう。

B

あなたはバラ色の人生を夢見る人。幸せになりたいという気持ちは人一倍強そう。表面的には明るくしていても、悪いことが起きるかもしれないという不安が隠れています。その不安を打ち消すために明るくふるまっているのかも。でも、**困難にぶつかると折れてしまいそう。地に足をつけ、しっかりと現実を受け止めましょう。**

C

あなたは今の自分は本当の自分ではないと感じている人。そう思って、今の仕事や勉強には身が入らず、「自分探し」などしているところかも。しかし、今ここにいる自分こそ本当の自分。**その自分が今やるべきことに取り組まなければ、あなたは一生何者でもない自分で終わってしまうかもしれません。**

テスト

7

友達の態度にがっかり…

友達の家に呼ばれたので、一緒に食べようと、好きなお菓子を手土産に持っていったあなた。友達はお菓子を受け取りましたが、あなたはなんだかがっかり。友達はどんなことをしたのでしょうか？

A 「ありがとう」と言って、そのまましまった

B 「自分はいいから」と言って、あなたに全部食べるように勧めた

C 「こっちがおいしいよ」と言って、友達が自分で用意していたお菓子をあなたに勧めた

診断

7

このテストでは…「一緒に仕事をしたくない人」がわかります

お土産は気配りを表すもの。友達の態度はあなたの気配りが通じない相手を意味しています。そこから、一番苦手とするタイプの人、特に同じ職場にいてほしくない人、一緒に仕事をしたくない人がわかります。

A

いちいち言葉で説明しなければわからない、言われたことしかやらない、前もって準備ができないといった、**気が利かないタイプをみるとイライラする**ようです。会話をしても最低限の言葉しか返ってこず、話が続かないようなタイプは嫌いなのではないでしょうか。

B

誰にでもいい顔をし、頼みもしないのに人の世話を焼こうとしたり、お節介なことを言ったりしたりする、**善い人ぶった上から目線の人が嫌い**のよう。思ったことをすぐ口にし、他人のプライドを傷つけるようなことを言ってしまう人も嫌いでしょう。

C

上昇志向の強い人や、自己主張が激しく、**人の話を聞かず自分ばかりがしゃべりたがるような人が嫌い**なようです。あなたはそういう人に主導権を握られ、場を仕切られることに不快感を持つのではないでしょうか。

テスト

8

旅先で寝るときは何を着る？

2泊3日の温泉旅行に出かけました。寝るときの服はどうしましたか？

A 自分で持っていったパジャマ・寝巻で寝た

B 宿に用意されている浴衣・寝巻を着て寝た

C Tシャツにパンツとか、下着で寝た

診断 8

このテストでは…「他人に対する許容度・寛容度」がわかります

旅先での寝姿から、あなたの生活習慣が垣間見えてきます。**普段の生活習慣へのこだわり方から、あなたの頑固さや柔軟さがわかり、他人に対する許容度、寛容度がわかります。**

A

場所が変わっても、日頃の生活習慣を変えない人は、それだけ頑固で几帳面なタイプ。**何事も自分のやり方がいちばん正しいと思っていて、それが常識**だと信じているようです。世の中にはあなたの常識の枠に収まらない人がたくさんいますから、それだけあなたは人に対して不寛容ということになります。

B

あなたは場所が変われば、ふだんの生活習慣を変更できる人。それだけ、柔軟に臨機応変に人や物事に対応できるタイプです。常識外れと感じる人に対しても、**「世の中いろんな人がいるね」と言いながら、自分はああはならないようにしよう**と思う程度です。

C

あなたはきちんとした生活習慣を持たない人かも。常識にもそれほどこだわらず、**人は人、自分は自分**といったところがあります。あなた自身が他人から非常識と言われることが時々あるのでは？人に寛容なだけでなく自分に対しても寛容でちょっといいかげんな人です。

テスト

9

自分が乗り物だったら？

自分を乗り物に例えると次のうちのどれでしょうか？

A 電車

B 自動車

C 自転車

D 定期船

診断

9

このテストでは…「自分の身体の働かせ方」がわかります

自分を例えた時の乗り物は、あなたの身体感覚を象徴しています。その感覚から、あなたが自分の身体をどうとらえ、どんな働かせ方をしているかがわかります。

A

予定通りに物事を推し進めようとする人。やりかけたことは道からそれず、集中力を保ってやっていけるでしょう。ただ、いつまでも準備が整っていないような気がして、スタート時点でぐずぐずしてしまうことがありそう。過剰な野心や欲のない地味なやり方が、意外にも革新的なものを生み出す力になっている人もいます。

B

目標達成までの最短距離を進めるように、合理的に考える人。不必要なものは切り捨て、無駄のない動きをしようとするでしょう。成功を求めて、自分を駆り立てることができます。仕事のできる人ですが、疲れきるまでガンガン働いてしまうタイプですので、休みを取ることも忘れずに。

C

コツコツたゆまぬ努力を続け、一生懸命頑張る人。自転車はこがなければストップしてしまうもの。怠け心が起きれば自分もそれでストップしてしまいそう。だからこそ、怠け心のある自分に鞭打って奮い立たせようとします。時間はかかりそうですが、やがて地道な努力が実るときが来るでしょう。

D

安全な仕事のやり方をしようとする人。上からの指示通りにやる仕事や、マニュアル通りにやる仕事を得意としているよう。しかし、船は揺れることがあるように、仕事の面では予想外のことやアクシデントが生じる場合もあります。その時に不安にならないように、マニュアルやルールがあれば安心できます。

テスト

10

外国語で重視するのは？

外国語を習っています。
あなたが一番重視しているのは何でしょうか？

A 発音

B 文法

C ボキャブラリー（語彙）

診断

10

このテストでは…「言われて嬉しい褒め言葉」がわかります

言葉はコミュニケーションの手段。外国語は本来の自分の上に身につけるもの。あなたが重視していることから、人にどういう印象を与えたいか、どう思われたいかがわかります。そこから、あなたが言われて嬉しい褒め言葉が診断できます。

A

カッコいいと思われたいタイプ。そのために、自分を磨き、人前に出るときは服装や髪型にもスキがなく、バッチリ決めているのでは？自分が中心になって、みんなの注目を浴びるような位置にいるのが大好き。「カッコいい」「モテるでしょ」「さすがだね」なんて言われたら、嬉しくてにやにやしそう。

B

知的な人、賢い人と思われたいタイプ。会話の内容も、ミーハー的ではなく、グローバルな話題や時事問題、思想的な事柄について語り合いたいようです。感情的にならず、ディベートができれば、有意義な時間がもてたと思うでしょう。「確かにあなたの言うことは正しい」「（あなたの考えに）納得」などと言われると、もっと話したくなるでしょう。

C

ユニークでオリジナリティがある人と思われたいタイプ。文学や音楽、芸術など、感性に訴えるものを愛し、あまり知られていない作家やアーティストを支持しているかも。自身も、クリエイティブな活動をしたいと思っているのでは？「変わっている」「普通と違う」というのは、「センスがいい」と言われる以上に、あなたにとっては褒め言葉のようです。

第3章

お金・人生編

テスト
1

何て読んだ？

一生物

あなたがキーボードで打ち込んだ漢字です。どう読みますか？ さっと答えてください。

A いちなまもの

B いっしょうもの

C いちせいぶつ

D いちいきもの

診断 1

このテストでは…あなたを「駆り立てている欲求や欲望」がわかります

同じ漢字でも読み方はいろいろ。話の筋道によって読み方やその意味まで変わってきます。あなたが選んだ答えは、あなたの頭の中にある話の筋道とつながっているものです。その筋道にはあなたがふだんから気にかけていること、関心を持っていることが映し出されています。

A

あなたを駆り立てているのは「**食欲**」と「**肉欲**」です。仕事をしているときや瞑想をしているときでさえ、ふと今度何を食べようかとか、どんな料理を作ろかと、ぼんやり考えていることがあるのでは？食べ物のことを考えていないときは、ちょっとエロいことを考えているのかも。セクシャルな欲求をうまく満たせないときは、食べ物で欲求不満を解消しようとするでしょう。

B

あなたを駆り立てているのは「**物質欲**」「**所有欲**」です。あなたは自分が所有しているものや欲しいもののことがよく頭に浮かんでいるようですね。服やかばん、靴など身に着けるもののほか、様々なグッズや家財道具など、いい暮らしができるモノが欲しいのでしょう。その欲求はオシャレだったり、自分のテイストにあった趣味のいいものを身の回りに置くといった、洗練された形で表現されているかもしれません。

C

あなたを駆り立てているのは、「**批判精神**」と「**知識欲**」です。あなたはいろんなことに疑問を感じ、自分の頭で納得しなければ気がすまないようです。頭の中に浮かんでいるのは、そのときどきの関心事で、まだ納得がいっていないこと。興味があるからこそ問い詰めたい欲求にかられるのでしょう。購入した商品の評価やレビューなども、よく書いているのでは?

D

あなたを駆り立てているのは「**収集欲**」です。子どもたちに人気のアニメやまんが、ゲームなどを、あなたも無邪気に楽しんでいるのでは?いつまでたっても、おもちゃやぬいぐるみ、フィギュアなどを手放せず、どこかでもらったおまけなどをも、ばらばらとあっちの引き出し、こっちの箱の中にしまってありそう。愛着心から、なかなか物を捨てられない人のようです。

テスト
2

さて、何のテストでしょう？

次のQ1～Q13の設問であなた自身に当てはまるものをチェック後、採点法を参照し点数を導き出してください。

チェックリスト

Q.1	仕事や作業に没頭していて、ふと気が付いたら8時間ぐらいたっていることもある。	□
Q.2	人と話しているとき、相手のしぐさやちょっとした表情の変化などもよく観察している。	□
Q.3	何かで2000円儲かったらそれで大喜びするが、その2000円はけっして無駄遣いしない。	□
Q.4	興味のあることは、徹底的に知りたくなり、それに関する本を何冊も買ったり、ネット上では元ネタや原典に行き当たるまで、とことん調べる。	□
Q.5	リスクの大きいことほど、わくわくしてやりたくなる。	□
Q.6	数字に強く、確率や統計データを読むのが趣味といっていいほど面白い。	□
Q.7	心配事があって仕事などが手につかないとき、人に話せばそれですっきりする。	□
Q.8	宝くじは当たる確率は低いと言われても夢があるし、買わなきゃ当たらないのだからと買っている。	□
Q.9	あまりお金がなくても、趣味のものは欲しいと思った時に買う。そうすると、ぜいたくな気分でいられる。	□
Q.10	喫茶店やファストフード店で本を読んだり、パソコンを開いても、周りに人がいるとなかなか集中できず、気が散ることが多い。	□
Q.11	ラクして儲けられるなら、自分もそうしたい。	□
Q.12	なるべく早く結論を出したい。結果が出るようなことをしたい。	□
Q.13	ときおり、人生は退屈だと感じたり、なんとなくむなしい気分になることがある。	□

採点方法

・Q1からQ6まではチェックの入ったところを1点として数えてください。

・Q7からQ13まではチェックが入らなかったところを1点として数えてください。

診断
2

このテストでは…あなたの「ギャンブラー度」がわかります。

ギャンブラーに必要なのは、単にリスクを冒す度胸だけではありません。確率的にどれくらいの勝算が見込めるかなど、流れを読み取る能力、そして冷静沈着さも必要です。さて、あなたはギャンブラーに向いているでしょうか。

点数が11点以上 プロギャンブラーの適正あり!?

冷静沈着、かつ度胸のあるギャンブラー。理性的で思考力があり、直観力も働くようです。不確実な世界で、確率を計算し、どれくらいのリスクがあるかを予想し、行動できる人。破滅に陥るようなリスクはおかさず、勝算が見込めるところで勝負に打って出ようとするでしょう。そのうえで運を味方につけることができそう。**人生を成功に導くことのできる潜在能力がある**ようです。

点数が7～10点
手を出すとギャンブル依存症になるかも

リスクを冒す度胸はあるけれど、冷静沈着になりきれない人。それが判断ミスを招き、さらに大きなリスクを冒す危険につながっていそう。たまたま賭け事で大当たりを出すと、その時の興奮を再びということになり、確率的には勝算のない賭けでもやってしまいそう。**アマチュア的ギャンブラーで、あまり深入りしない方がいい**タイプ。でないとギャンブル依存になりそう。

点数が4～6点
ギャンブルはやめたほうが無難

自分の都合のいいように、物事をとらえやすい人。物事を客観的に見る視点に欠けています。ギャンブルは信念や祈りで勝てるものではありません。冷静沈着な思考と判断力、かつ度胸が備わっていなければなりません。不確実な世界で予想を立て決断するまでには、集中力と忍耐力も必要です。あなたにはそのような能力は乏しいようです。**一攫千金を夢見て、全財産を失くさないように。**

点数が3点以下
カモにされないよう気をつけて！

ギャンブラーに必要な資質は、ほとんど備わっていないようです。その時々の気分や感情に流されやすく、興奮すると周りが見えなくなるでしょう。ギャンブラーに必要な集中力が保てません。不確実な世界の中で、確率的に物事を予想するのは不可能でしょう。何かに迷った時は、おみくじを引くなど、金銭的に損失のでないようなことをして、運に頼る方がいいかもしれません。

テスト
3

芸能人と写真を撮ることに…

パーティに行ったら、ゲストにサプライズで素敵な芸能人がやってきました。その芸能人はあなたと同性・同年代で、幅広い世代からとても人気があります。「写真を撮りたい方はどうぞ」といわれ、みんな大喜びで写真を撮ったり、一緒に写ったりしています。あなたはどうしますか？

A

みんなと一緒に芸能人を囲んだ写真を撮ってもらう

B

芸能人とのツーショット写真をお願いして撮ってもらう

C

自分は写らず、はたで見ているか、他の人の写真を撮ってあげる

D

興味ないので、写真を撮っている人たちの近くには行かない

診断 3

このテストでは…あなたが「友達の成功をどう感じるか」がわかります。

同世代の人気芸能人は、あなたより才能のある友達や成功している友達を意味しています。そこでとった行動から、友達の成功をあなたがどう感じるかが診断できます。

A

友人の成功を素直に喜べる人。そういう人を友人に持つことを誇りに思い、周りの人には自慢したい気持ちにもなるようです。親しい友人が結婚するなどして幸せになれば、心から祝福してあげられるでしょう。友達を羨ましいなとは思っても、それで自分の気持ちが暗くなるようなことはないでしょう。あなたはファン気質、サポーター気質で、頑張っている友人を支えてあげられるタイプ。

B

友人の成功に触発され、自分も頑張ろうと思う人。羨ましいと思っても、プライドがあるのでそれを表には出しません。成功した友達の威光を借り、その友人と親しくしていることをアピールすることで、自分もちょっと格が上がったように感じます。自分に友達ほどの才能がないと感じた時には、友達のお世話をしてあげたり、その友達のことを一番わかってあげている人のように振る舞うでしょう。

C

友達の成功を自分と結びつけて考えることのない人。なぜなら、自分と友達は別の人間だから、友達は友達、自分は自分と淡々としているようです。とくに羨ましいとも感じないし、気持ちが波立つこともないでしょう。それは消極的なやさしさとして、あなたの人柄に反映しているものです。ただ、友達の成功が自分の専門や得意ジャンルとかぶっている場合、「見たくない」という気持ちになるでしょう。

D

友達の成功を心からは喜べない人。「羨ましい」というより「妬ましさ」を感じるでしょう。「妬ましい」は自分が落ち込むほどの暗い嫉妬です。相手の成功や幸福が、嫌でも自分に欠けているものを思い起こさせるのです。その感情から逃れるためには、友達に不幸になってもらうしかないのかも。でも、そんなことを願う自分は嫌だから、あなたはむしろ、友達の存在を無視しようとするでしょう。

テスト
4

次の2つの問いに答えてください

◎何か不安なことや心配事が生じたとき、あなたはどんなふうになりますか?

・まあ、大丈夫だろうと思い、すぐには動かない
↓
【a】

・さあ、どうしようと思い、何かしないではいられない
↓
【b】

●もし、いま住んでいるところを引っ越すとしたら、引越しの前の日あなたの心に浮かぶのは？

・これから先のこと

↓

【a】

・これまでの日々のこと

↓

【b】

診断 4

このテストでは…
あなたの「思考パターン」がわかります

人生がどういう方向に向かっていくかは、個々人の持つ思考パターンによって方向づけられるところがあります。2つの問いへの答えから、10年後のあなたがどうなっているかがわかります。

Q1【a】×Q2【a】

あなたは何でも自分の都合のいいように解釈してしまう傾向があります。たとえ、うまくいかなかったことでも、「結果的にはよかったよ」と言うでしょう。失敗を失敗と受け止めず、深い反省と、反省に基づく努力ができないタイプ。10年後のあなたは、**ただただ目先の楽しみを追いかけるだけで、仕事などの実力も積みあがらず、コツコツ地道な努力をしてきた人たちに追い抜かれてしまっている**かも。そうならないためには、自分にとって不都合な真実にも目を向け、嫌なことも引き受けながら一つのことに集中して取り組んでいくことが必要です。

Q1【a】×Q2【b】

あなたは物事に波風を立てたくないタイプ。自分の心に波風が立つのも避けたいようです。何事もなく、平穏無事に過ぎていくのが一番。自分から進んで苦労を買って出るような生き方はしたくないと思っているのでしょう。10年後のあなたは、**本来持っているエネルギーを出し切らず、惰性にまかせた生き方をし、毎日同じことの繰り返しのような生活を送っている**かも。変化を恐れず、行動すること、具体的な目標を設定して、仕事や物事に取り組んでいくことが必要です。

Q1【b】×Q2【a】

何でも悪い方に考える傾向があるようです。そのため不安になりやすく、疑い深い面もあります。物事のネガティブな側面に目が向き、ポジティブな可能性には気づきにくい人。物事を悪い方へ悪い方へと考えることによって、10年後のあなたは、**自分で恐れていたことを引き起こす可能性がありそう**。例えば橋の上を歩いているときや試験の前に緊張して「落ちたらどうしよう」と思っていたら、結果は「ああ、やっぱり落ちちゃった」というようなことです。物事の明るい可能性に目を向け、うまくいくと信じましょう。あなたにはポジティブシンキングが必要です。

Q1【b】×Q2【b】

何でもすぐ真に受けてしまう人のようです。物事に反応しやすく、すぐ本気になり、少しのことで大騒ぎしてしまう傾向があります。感情的にむきになり、周囲に波風を立てやすいのです。落ち着いて、状況を見守れば、それほど問題のないところでも、自分が大騒ぎして一波乱起こしてしまうといったタイプです。10年後のあなたは、**焦らず何もしないで流れに任せていればうまくいったことも、つい感情的になり、自分の手でめちゃくちゃにしてしまうことがありそう**。行動に移る前に、自分の気持ちを冷まし冷静になることが必要です。

テスト
5

予定外に早く起きてしまったら？

いつもより2時間も早く目が覚めました。
どうしますか？

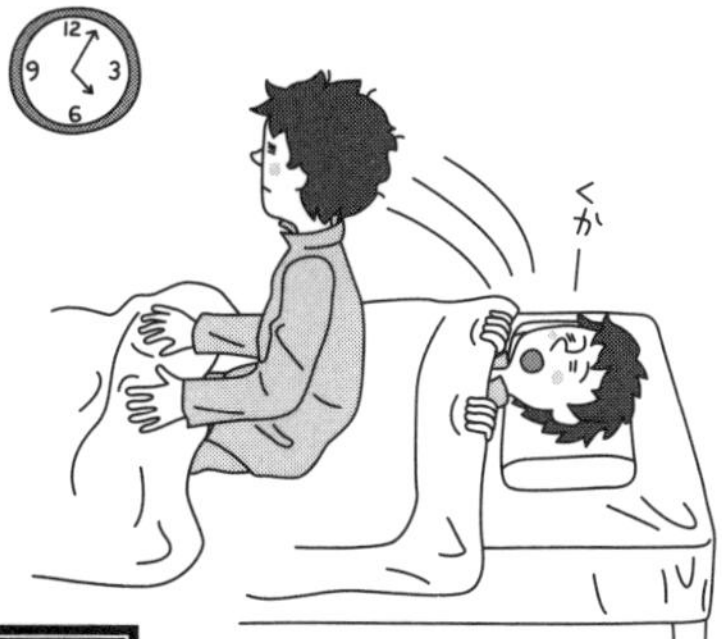

A そのまま二度寝する

B 起きてコーヒーを飲んだりしながら、いつもの起きる時間までゆっくり過ごす

C 朝のうちにできる仕事を片付けてしまう

診断
5

このテストでは…
あなたが「セレブになれるか」がわかります。

朝の時間をどう過ごすかは、その人の勤勉さを物語るもの。生まれつきのセレブではなく、自分の能力を発揮して成功し、セレブになったような人は人以上に勤勉なところがあります。あなたがセレブになれるかどうかを診断しましょう。

A

あなたはセレブにはなれないでしょう。怠け者の傾向があり、成功者に見られるような勤勉さがありません。成功者にみられる頑張り力に乏しく、例えば、「前の晩遅かったから、朝早く起きられない」など、何かをすることよりもしないことの言い訳が多そう。怠け心に鞭打って、もう少し頑張って働いた方がいいかもしれません。

B

あなたはセレブにはなれなくても、**自分の趣味を楽しむ程度のゆとりのある生活はできるでしょう。**成功者になりたいというよりも、潤いのある生活をしたいという欲求の方が強そうです。真面目に働きながら、プライベートな生活も充実させ、年に何度かのささやかな贅沢を楽しむ程度の生活が身の丈にあっているようです。

C

あなたはセレブになれる可能性があります。世の中の成功者と呼ばれる人々はみな働き者です。成功する人は、行動力・知力・精神力と、人並み以上の能力を発揮します。その根底にはたゆまぬ努力があります。あなたにはその力が備わっていそう。今はまだ芽が出ないと感じていたとしても、頑張り続けてください。

テスト6

どの競技に参加する？

町おこしの運動会に参加し、何か一つ競技に出ることになりました。
どの競技に出ますか？

A 障害物競走

B 綱引き

C 借り物競争

D 玉入れ

診断 6

このテストでは…あなたの「お金の面での騙されやすさ」がわかります

運動会の競技はあなたの人生の楽しみ方を表しています。どんな楽しみ方をするかで、お金の使い方・貯め方も違ってきます。あなたの金銭感覚を診断しましょう。

A

経済観念も発達していて、**無駄なお金は使わず、コツコツ貯めていくことができる**でしょう。お金のことで人に騙されることもなさそう。欲張らず、堅実な暮らしをしながら、預貯金を蓄えましょう。金融の知識があれば投資や株でお金を増やすのもいいでしょう。

B

タフなあなたは**ガンガン働き稼いで、思いっきりよく使いたい**はず。でも、貯めることにあまり意識が向かず、入ってきたお金も多いけれど、出て行ったものはそれより多いといった結果になりかねません。うまい儲け話に騙され、大損しないよう気を付けましょう。

C

社交性のあるあなたは、人との絆が財産になるでしょう。お金の面では調子がよく、**儲け話を持ってくるねずみ講などに引っかかりそう**。周りの人にもすすめたりして損をさせ、結果的に騙すことにもなりかねません。堅実な生活を送りましょう。

D

協調性があり、仕事の面では責任を持って働けるあなた。周りの人からも信頼されるでしょう。お金に関しては、**将来の不安に備えて少しでも安心できる保証を持っておきたいタイプ**です。若いうちから保険に入っておくのがいちばん安心。不安をあおられると、騙されやすくなるので気をつけましょう。

テスト
7

キレイな瓶に入っている液体は何？

液体が入ったキレイな瓶。ラベルには「愛のしずく」と書いてあります。
この液体は次のうちいったいどれ？

A 朝摘み新鮮フルーツジュース

B ヨーロッパの貴婦人ご用達高級赤ワイン

C 若々しさをキープする美肌化粧水

D 官能的な夜を過ごせるセクシーラブコスメ

診断7

このテストでは…あなたが「愛とはどんなものだと思っている」かがわかります

これは連想ゲームです。ラベルの言葉から想像した中身から、あなたが愛とはどんなものだと思っているかがわかります。それはあなたが今の人生に必要としているものを意味しています。それがないと、あなたは生き生きしていられないと感じているのです。

A

愛は甘くさわやかなもの。日々の生活を輝かせてくれるものだと信じているよう。今のあなたはマンネリ化した人間関係・生活パターンから抜け出し、新しい出会いや、新しいことを始めてみる時期に来ているようです。

B

愛は人を酔わせるもの。今のあなたは自分のなすべき義務や責任についてまじめに受け止めながらも、失楽園のような大人の恋がしてみたいと思っているよう。大人の男女が集まる社交の場に出かけてみては？

C

愛は人を美しくするもの。今のあなたは自分の年齢のことが気になっているのかも。ですが年上の人たちからすれば、まだまだ若造。うんと年上の人たちの活動に参加して、「若いわね」といって可愛がってもらいましょう。

D

愛といえばセックス。今のあなたは欲求不満ではなくむしろ、エネルギーが有り余っていて、それを持て余し気味にしているのかもしれません。そういうときこそ、仕事や勉強、スポーツに打ち込むとすばらしい成果が期待できそう。

テスト8

隣の人の不倫話。あなたならどう反応する？

飲み会（コンパ）で、みんなで盛り上がっていたとき、隣の席にいた人が「悩んでいる」といって自分の不倫話を始めました。話の内容があからさまでドロドロしているので、一瞬、その場がシーンと静まりかけました。そのとき、あなたならどんな反応をしますか？

A 「話変わるんだけどさあ」と、即座に話題を切り替える

B 「それはつらかったねえ」と、肩を抱いて慰めてあげる

C 「いま、そういう話はしない方がいいんじゃない」と戒める

D そっと席を外し、戻ってきたときには別の人の近くに座る

診断
8

このテストでは…
あなたの「表の顔・裏の顔」がわかります

人には表の顔と裏の顔があるもの。表も裏もあまり変わらない人もいれば、ふだん他人に見せない裏の顔は表の顔とかけ離れている人もいます。とっさの反応から、表の顔の背後にある裏の顔が見え隠れしています。

A

表は明るい場の盛り上げ役、裏は自己中心的で自分勝手な性格です。でもそれは表の顔の背後に見え隠れしていて、すぐ人に悟られます。あなたの本当の裏の顔は、人の痛みに対して無感覚、ゆえに他人に残酷なこともできる冷淡な人物です。

B

表は優しく誰にでも親切、その裏は嫌いな人に対しては徹底的に意地悪なことをする性格。同性のライバルに対して意地悪が激化しそう。例えば、嫌いな人にお茶を出すとき、給湯室でこっそり自分の唾を混ぜておくようなことのできるタイプです。

C

表はモラルやマナーを重んじる優等生タイプ。裏はいつも欲求不満を抱えてイライラした自分がいます。自分の中にある欲望や、羽目を外して遊びたい衝動を理性で押さえつけていることが欲求不満の原因。自分が不倫に走る可能性も。

D

表の顔は控えめで冷静な人、しかし裏にあるのはクールな戦略家で、しっかり自分の損得を考えて行動しています。たとえば、結婚すれば、当たり前のように結婚相手に保険を掛け、自分が受取人になるタイプ。その発想がエスカレートすると怖い人かも。

テスト

9

苦手な人に遭遇、どうする?

あなたは高層ビルのオフィスで働いています。エレベーターに乗っていると、次の階でドアが開いた瞬間、大の苦手と感じている人が乗りこんでくるのが目に入りました。とっさに、あなたはどうしたでしょうか?

A うつむきがちに視線をそらし気づかないふりをした

B 体が触れないよう身を縮めて他の人の後ろに回った

C 表向きは他の人に接するのと同じ態度でふつうに会釈した

D その階で用事があるようなふりしてエレベータを降りた

診断
9

このテストでは…
あなたの「ストレス対処法」がわかります

嫌な人はあなたにとってのストレス源。あなたが選んだ答えは、仕事や人間関係などでストレスを感じることがあったときにどう反応するかを表しています。そこから、ストレス対処法について考えてみることにしましょう。

A

多少のストレスは我慢しようとする人。しかし、ストレス状態になっていると、頭の回転が鈍くなり、物事の認識力や理解力・判断力が落ちてきます。むやみに「がんばろう」などと思わず、いったい何が問題なのか事態を直視し、**根本的な問題を見直し、対策を練ったほうがいい**でしょう。

B

ストレスを感じると不安になる人。その不安が更なるストレスを生み、頭の中で悪い方へ悪い方へと考えてしまい、最悪の事態を引き起こしてしまうことがありそう。深呼吸やマッサージで緊張状態を解きほぐし、**物事をポジティブに受け止めること**が必要でしょう。

C

ストレスをストレスと感じない人。ですが、それはストレスに強いからではありません。物事を繊細に受け止めると、傷ついてしまうので、心を鈍くしているのでしょう。ストレスが体に出ることがありそうなので、**しっかり休息をとりましょう。**

D

ストレスに耐えられない人。そのため、**自分からストレス源を断ち切ろうとする**のでしょう。ですが、ストレスになることでも耐え忍び、乗り越えていくことによって、自分自身が鍛えられることにもなります。忍耐力を持って頑張り続けたほうがいいでしょう。

テスト
10

イメージしたのはどんな雲？

頭の中で雲が浮かんでいるところをイメージしてみてください。
それはどんな雲ですか？

A 夕日に染まる夕焼雲

B ふんわり綿雲

C どんより垂れこめる雨雲

D 白い飛行機雲

診断
10

このテストでは…
あなたの「生き方」がわかります

雲は、あなたが「こういう気分のときがいちばん自分らしい」と感じている心の状態を表しています。そこから、あなたの生き方の傾向が診断できます。

A

詩人や芸術家のような、**孤独を愛し、一人の時間を大切にする**生活が送りたい人です。あなたはセンチメンタル（感傷的）になりやすい人。まるっきり一人というのは寂しすぎると感じ、自分の気持ちを理解してくれる人とのつながりを求めています。

B

悩みや不安のない状態でいられるときが、いちばん自分らしいと感じるようです。周りの人とのつながりを大切にし、家族や仲間と和気あいあいとした時間を過ごすことに幸せを感じるでしょう。協調性を発揮しながら、生き生きと活動できます。

C

あなたは鬱陶しい気分になりやすいけれど、その気分に引きこもっていることが別にいやではない人のよう。**人生の深い面を見つめていたい**という気持ちがあるようです。世の中の問題を裏から見て、問題を暴き出すような批評家になるのがいいかもしれません。

D

達成可能な目標となっているような夢を持っていたい人。目標達成のためには、なるべく回り道をせず、最短距離をたどりたいと思っていることでしょう。**仕事でもなんでも、やりたいことにエネルギーを注ぐとよい**でしょう。目標は達成できます。

第4章

仕事・人間関係編

自分の性格タイプを知ろう

スタートから始め、質問に当てはまれば「はい」、当てはまらなければ「いいえ」で答えながら、次の設問に進んでください。「はい」「いいえ」で答えにくい場合は、少しでも近い方を選んでください。

スタート

Q.1
人に話す時、言いにくいことでも言わなければならないことは、なるべくハッキリ言う。自分もハッキリ言ってもらった方が良い。
はい……Q2
いいえ…Q3

Q.2
一定時間内に終わらせなければならない作業や仕事は、時間内か時間ピッタリに終らせることができる。
はい……Q4
いいえ…Q5

Q.3
皆の中で自分だけが優遇されるようなことや得することがあると、他の人に悪いと後ろめたく感じてしまう。
はい……Q6
いいえ…Q5

Q.4
自分が活動の中心になり、リーダー役や自分が主役になって人から注目を浴びるようなことをしている。
はい……Q7
いいえ…Q8

Q.5
グループの中で誰が一番とか競争ではなく、協力し合い、成果を公平・平等に分け合うのがいい。
はい……Q9
いいえ…Q8

Q.6
お年寄りや困っている人を見かけると放っておけず、自分から手を貸したり、電車の席を譲る。
はい……Q10
いいえ…Q9

Q.7
自分の家族や親戚のことで、自慢できるようなことは人に話す。
はい……Q11
いいえ…Q12

Q.8
欲しいものは今すぐ手に入れたい。でも、手に入らないとすぐ興味は他のことに移ってしまう。
はい……Q12
いいえ…Q13

Q.9
社会のルールや約束事はきちんと守るべきだし、自分は守っている。ルール違反をする人や約束を破る人は許せないと思う。
はい……Q14
いいえ…Q13

Q.10
何もしないでいると落ち着かず、じっとしていられない。アレもコレもしなければと動き出してしまう。
はい……Q15
いいえ…Q14

Q.11
辛いことや落ち込むようなことがあっても、人前に出るときはさっと気持ちを切り替え、何事もなかったように振る舞える。
はい……Q16
いいえ…Q17

Q.12
ベストセラーやベストヒットより、普通の人があまり知らないようなマイナーな音楽やアート・映画・アニメなどに惹かれる。
はい……Q18
いいえ…Q17

Q.13
威圧的な感じの人や、やたらと声の大きい人がいると、思わずビクついてしまい、その人の近くにいるのが怖くて緊張する。
はい……Q19
いいえ…Q18

Q.14
書類などの誤字脱字や漢字の変換ミスなどが目につきやすく、気づくと訂正せずにはいられない。
はい……Q20
いいえ…Q19

Q.15
人の世話やもてなすのが好きで、相手が喜んでくれると自分も幸せな気持ちになる。
はい……Q21
いいえ…Q20

Q.16
自分の能力やスキルを高めるために、セミナーや勉強会に参加したり、トレーニングに励むなど、人には見せない努力をかなりしている。
はい……Q22
いいえ…Q23

A P.98へ
B P.100へ
C P.102へ
D P.104へ
E P.106へ
F P.108へ
G P.110へ
H P.112へ
I P.114へ

Q.17

やりたいことはいくらでもあり、次々と新しい計画やアイデアが思い浮かぶ。

はい……Q23
いいえ…Q24

Q.18

何でもスケールの大きいものや量の多いものが好き。食べ物なども量が少ないのはイヤだ。

はい……Q24
いいえ…Q25

Q.19

先のことを考えると、あれこれ不安なことが思い浮かび、悪い方へ悪い方へと想像力が働く。

はい……Q26
いいえ…Q25

Q.20

腹が立っても怒ってはいけないと思い、自分の感情をコントロールするようにしている。

はい……Q27
いいえ…Q26

Q.21

人に頼まれるとイヤとは言えず、自分のことを後回しにしてもやってしまう。

はい……Q28
いいえ…Q27

Q.22

人は第一印象で判断されるので、人前に出るときは髪型や服装・持ち物など、できるだけよく見えるよう、念入りにチェックしてから出かける。

はい……Q29
いいえ…Q30

Q.23

選択肢は多いほどいい。少ない中から選ぶのではなく、できるだけたくさんの中から選べる自由がほしい。

はい……Q30
いいえ…Q31

Q.24

第一印象が恐かったとか、愛想が悪いと言われることがある。

はい……Q31
いいえ…Q32

Q.25

自分が話すと、「えっ、聞こえなかった」「声が小さい」「もう一度言って」などとよく言われる。

はい……Q33
いいえ…Q32

Q.26

仕事や課題は、上からの指示通りや、マニュアル通りにやれと言われた方が、好きなようにやっていいと言われるよりやりやすい。

はい……Q34
いいえ…Q33

Q.27

いきなり自分の意見や考えを聞かれても、急に答えられず、「どんな意見を言えばいいのですか？」や「考えてみなければわかりません」と言う。

はい……Q34
いいえ…Q35

Q.28

人に同情しやすく、苦手な人や好きになれない人のことでも、その人が困っているのを見ればつい助けたくなる。

はい……Q36
いいえ…Q35

Q.29

自分の実力や実績を認められたいという気持ちが強く、遊びよりも仕事やトレーニングを優先する。遊びたいと思うことはあまりない。

はい……C
いいえ…G

Q.30

自分はハッピーで楽しい人生を送っている。他の人もみんな自分のように、もっといろんなことをして楽しめばいいのにと思う。

はい……G
いいえ…H

Q.31

人には弱みを見せられない。弱みを見せると付け込まれると思う。

はい……H
いいえ…I

Q.32

人に対する好き嫌いや苦手意識が強く、自分の感性に合わない人を受け入れるのは難しい。

はい……D
いいえ…I

Q.33

「今どんなことを感じている？」とか「どんな気持ち？」と聞かれても、別に何も感じていないことが多く、返事のしようがない。

はい……E
いいえ…D

Q.34

人から離れて一人でいるのが快適で、人に煩わされない場所で一人で過ごす時間がたっぷり欲しい。一人でいても寂しいと感じることはない。

はい……E
いいえ…F

Q.35

不安な事や心配事があると、人に話さずにはいられない。人に話せばそれで、気持ちがスッキリするところがある。

はい……F
いいえ…A

Q.36

いいかげんな人やだらしない人を見ると、どうしてもっときちんとしないのかとイライラする。

はい……A
いいえ…B

A
タイプ

あなたの基本情報は…

責任者タイプ

責任者タイプはこんな人

・真面目で忍耐強い
・正義感にあふれる
・自分に妥協しない
・理想に向かって努力する
・節操があり正直で率直
・平等公平を重じる

ポジティブ面

真面目で責任感の強い人。理想が高く、自分に対する要求の水準も高いです。常に一段高い所にハードルを置き、そのハードルを乗り越えるために一生懸命努力します。

いったん手を付けたことは、完璧にやらなければ気が済まず、コツコツと粘り強くやり遂げようとします。自分のやりたいことよりも「やるべきこと」「やらなければならないこと」を優先し、倫理的・道徳的な価値観を持っています。善悪の基準もはっきりしているようです。

自分に厳しく、忍耐強いと同時に、禁欲的なところがあります。世の中の不正や不平等を許さず、社会を改善し、人々を正しい方向に導いていくために、自分から行動を起そうとすることもあります。家族や友人など、身近な人に対しては誠実で、情に厚く、とくに古くからの友人を大切にします。

ネガティブ面

何事にも完璧を求めるあなたは、現状に不満を抱きやすいところがあります。物事に完璧を求めるあまり、細部にこだわりすぎ、いつまでも抱え込んでしまうことも。

自分の意見や主義主張が強く、原理原則にこだわり、頑固で融通の利かない面があります。自分のしたことについて、あれでよかったかと後悔し、いつまでもクヨクヨ悩み、なかなか前向きになれません。

自分に厳しい以上に、他人に厳しく、人の欠点や至らないところが目につき、批判的になりがちです。腹の中に怒りをため込んでいて、いつもイライラしているようなところがあります。

素敵なところ

高潔で凛としたところがあり、高い理想と正義感を持っています。

自制心があり、ストイックで、周りの人間が興奮して騒いだり、愚かなことをしても、自分だけは決してそういうことに巻き込まれず、むしろ落ち着いて人々を正そうとします。

何事にも平等公平であろうとし、誰に対しても分け隔てなく接します。

素敵になれるヒント

真面目なあなたは、もし、全てが自分の肩にかかっているように感じたら、意識して自分の内面を振り返ってみましょう。

あなたの心の中には、自分がいちばん正しいと信じ、他人を批判する気持ちが芽生えているはず。「自分はこんなに一生懸命やっているのに、周りの人間はなんていいかげんなんだ」とつぶやいていませんか?

他人に対し批判がましい態度を取らないで、肩の力を抜きましょう。リラックスして、物事をありのままに受け止めるようにしてみましょう。他人にも自分にももっと寛容になりましょう。少しくらいいいかげんでも、間違っていても、「まあいいじゃないか」と寛容に受け流せるようになれば、もっと人に好かれる人になるでしょう。

仕事の向き不向き

自分のこだわりと努力が評価されるような仕事にやりがいを感じるでしょう。結果よりもプロセスが重視され、粘りと忍耐力が必要とされる仕事が向いています。

少しのミスや間違いも許されず、正確さと厳密さが要求される作業に、実力を発揮し、完成度の高いものを仕上げることができます。

あるべき理想の社会を追求し、世の中の改革や改善運動に取り組み、人々を正しい方向に導いていこうとする活動や運動に意欲を燃やします。

秩序がなく、全体にいいかげんでだらしなく、誰も決まりを守ろうとしないような職場で働くことは耐えがたいことでしょう。

あなたの適職

教師／教育評論家／歴史家／ジャーナリスト／弁護士／編集者／校正者／翻訳者／銀行員／税理士／ハウスクリーニング／総務・行政担当／マナー講師など

B タイプ

あなたの基本情報は…

おもてなしタイプ

おもてなしタイプはこんな人

- 温かく思いやりがある
- 気配りができる
- 愛他的に人に尽くす
- 人の悩みの相談相手になれる
- 人の面倒見がよい
- ボランティア精神がある

ポジティブ面

あなたは親切で思いやりがあり、周りに気配りのできる人。一人ひとりの人との親密な心の触れ合いを求め、温かい気持ちの通い合いを大切にします。

人から必要とされることに喜びを感じ、自分のことよりも、人のことをまず第一に考える人です。気前がよく、進んで人をもてなしたり、人を喜ばせるようなこと、人のために何かをすることで、自分が必要とされていることの実感を得ます。

愛されたいという欲求が強く、自分が愛する人や尊敬する人のためにかいがいしく働きます。また、世の中の弱い立場にいる人たちへの目配りができ、困難を抱えている人たちのサポートやボランティア的な活動に打ち込むこともあります。人に寄り添い、人の話にじっくりと耳を傾け、悩みを抱えている人のよき相談相手になれます。

ネガティブ面

自分が人にしてあげていることを過大評価する傾向があります。してあげたことに対して、ひそかに感謝の見返りを求めています。思い通りに感謝されないと、「あんなにしてあげたのに、お礼もいわれない」と恨みがましく思ってしまいます。

また、自分は何も問題はなく、人から助けてもらう必要はない、自分は人を助けてあげる側の人間だという思い上がりがあり、親切にしながらも無意識のうちに上から目線になっているようなところがあります。謙遜な態度でいながら高慢、遠慮しながら厚かましくなるタイプです。

素敵なところ

謙虚で私利私欲がなく、奉仕精神にあふれ、本当に助けを必要としている人々のために働きます。

愛他的で、人を差別したり、外見的なもので判断することがなく、どんな境遇の人をも、かけがえのない大切な存在として受け入れ、一人ひとりの幸せを願っています。自分のしていることに対して、非常に謙虚です。

素敵になれるヒント

本当は自分が人を必要としているあなた。もし、一人でじっとしていられず、誰かのところに押しかけていき、親切にしてあげたくなったら、意識して自分の内面を振り返ってみましょう。それは、本当に「相手のためを思って」でしょうか。ただ、自分が愛されたいためなのでは？あなたの行為は、もしかしたら相手にとって押しつけがましいものになっているかもしれません。

あなたの場合、人恋しくなったときは、むしろ誰とも会わず、一人でいることが大切。そして、自分のために、自分のことを優先してやりましょう。一人の時間をもつことで、自分と向き合い、いい人ぶらずに自分の本当の気持ちと触れ合うことができます。

他人のためではなく自分のために時間を使い、ゆっくり休息することも忘れないでください。

仕事の向き不向き

人の役に立ち、人に喜ばれるような仕事にやりがいを感じます。人に喜ばれることが自分の喜びにもなるからです。

仕事においても、人との温かい心のつながりを重視し、顔と顔をつき合わせ、お互いに一人の人間として相手と関われるような関係を求めます。他人が何を必要としているのか、その必要をくみ取り、相手に満足してもらうようなサービスをする仕事が向いています。

しかし、まったくの利害関係だけで成り立っているような仕事や人間味のない仕事のやり方は好みません。一日中、機械やPCと向かい合っているだけで、人とのコミュニケーションのない職場も不向きといえるでしょう。

あなたの適職

看護師／介護士／医療福祉関係の仕事／ホームヘルパー／ケアマネージャー／保健師／保育園・幼稚園の教諭／養護教員／カウンセラー／海外派遣のボランティア／接客業／サービス業／芸能関係など

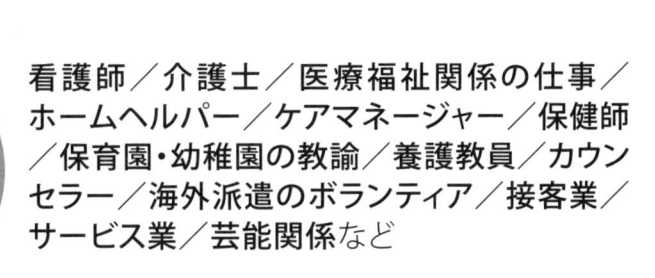

C タイプ

あなたの基本情報は…

野心家タイプ

野心家タイプはこんな人

- 効率的に仕事ができる
- リーダーシップがある
- 肯定的な自己イメージを持つ
- 目標達成能力がある
- 自己PRが上手
- 企画力や説得力がある

ポジティブ面

あなたは積極的で行動力のある人。やるべきことはテキパキと効率よく行え、現実的で臨機応変に行動でき、適応能力があります。

自分の魅力や能力・キャリアを磨くことに熱心で、常に何か目標を持ち、目標達成のための努力を怠りません。野心が強く、かなりのハードワークにも耐え、社会的な成功を勝ち取ろうとします。いつもワンランク上をめざし、競争社会を生き抜いていける人です。

人前では自信に満ち、自己アピールがうまく垢抜けています。企画力、説得力があり、自分や他人を売り込むのが上手。チームリーダーとして、自分が中心になってチームを引っ張っていくことができます。褒め上手で、自分で自分を褒めることもでき、周りの人を褒めてやる気にさせます。

ネガティブ面

効率主義のあなたは、結果オーライの人。目的のためには手段を選ばず、人を利用し、嘘をつくようなこともしかねません。競争心が強く、ライバルを蹴落とそうとすることも。常に自分中心で、自分をひけらかすような言動が多く、人を外見や学歴、地位、肩書きなどで判断しがちです。

人前では、自分をよく見せるために見栄を張り、いつも演技をしているようなところがあります。そのため、ほんとうの自分を出せず、仮面をかぶったような状態で、人に見透かされるのが怖く、人と個人的に親密になることが難しい面があります。

素敵なところ

有能で、プロフェッショナル、人生の成功者という印象を与えます。カリスマ性があり魅力的で、他の人に自分もそんなふうになりたいという憧れを抱かせます。

かなりの努力を必要とすることでも、比較的短時間のうちに、スマートにやり遂げます。人を感動させる話術やパフォーマンスができます。一流のものを好み、本物を見分け味わう鑑定眼があります。

素敵になれるヒント

やたらと競争心に駆り立てられ、人に負けてはなるものかと必死になり始めたときは、立ち止まって、自分の内面を振り返ってみてください。目的のために手段を選ばなくなっていませんか？嘘やごまかしがありませんか？パクリ（剽窃）やコピペをやっていませんか？また、自慢話をしたくなったら気をつけてください。あなたの話には嘘や誇張が混じり始めているでしょう。

それはむしろ、あなたの評価を低めることになりかねません。外見を取り繕うよりも、中味を磨いていきましょう。実質が伴えば、必ずあなたは評価されます。

仕事の向き不向き

やればやっただけのことが実績として認められるのが好きなあなた。キャリアを打ち立てていく仕事にやりがいを感じます。

明確な目標があり、その目標を達成すれば、それなりの評価が得られるような仕事に意欲を燃やします。評価は全員の前での公示、賞賛、賞与、昇給、昇進など、具体的な形で行われるとよりやる気が出てきます。人生の成功者となることが、野心家タイプの人を駆り立てている主な動機です。

このタイプの人にとっての成功とは、経済力、地位、名声などを勝ち得ること。さらに、社会的に一流の人と認められて、人から羨ましがられるようなステイタスのある暮らしができることを意味しています。

地味な職場や縁の下の力持ちのような目立たない仕事はやりたくないはず。また、評価が一律で給与昇給などの面において平等主義の職場ではやる気が起きません。

あなたの適職

スポーツ選手／俳優／女優／芸能人／文化人／ニュースキャスター／カルチャースクールの講師／ビジネスコンサルタント／プロデューサー／マネージャー／美容ライター／エステティシャンなど

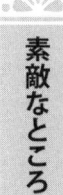

D
タイプ

あなたの基本情報は…

趣味人タイプ

趣味人タイプはこんな人

- 内気で感受性が鋭い
- 想像力があり表現力も豊か
- 美的なものを愛する
- 人の弱さを受け入れる
- 共感能力がある
- 繊細で傷つきやすい

ポジティブ面

あなたは自分をユニークだと感じている人。繊細で感受性が鋭く、感情が豊かです。絵画や音楽、文学など芸術的なものを愛好する傾向が強く、思春期のようなみずみずしい感性を持ち続けています。季節の移り変わりや自然の美しさに敏感に反応し、何気ない日常のなかにも感動と潤いを見出すことができます。

自分の内面にある感情を味わい、自分なりの仕方で内面から湧き上がるものを表現しようとします。そのため、詩や小説・絵画・作詞作曲・楽器の演奏など、何らかの自己表現の手段をもっている人が多いでしょう。人の心の機微を理解し、人の心の弱さを受け入れ、傷ついた人や苦しみを抱えた人に共感し、寄り添うことができる人です。

ネガティブ面

少しのことで感情が大きく揺れ動き、情緒が安定しません。感情の赴くままに行動し、大げさに感動してみせたり、嘆いてみたり、芝居がかった態度振る舞いをすることがあります。

自意識過剰で、何でも自分に引き付けて考える傾向があります。そのため、ものの見方は主観的になりがちです。自分を特別視し、周囲の人を平凡で無個性な俗物と見下す傾向があります。「あの人たちにこういう趣味は理解できない」と自分の方が上等であるかのようにも感じています。

その時の気分によって約束

をドタキャンするようなこともあり、周りの人からは気分屋だと思われていることでしょう。

素敵なところ

品がよく、エレガントでハイセンスなところがあります。美的なものや芸術的なものについての鑑賞眼にすぐれ、玄人の域に達している人もいます。

また、自分自身がそういったものの表現者として、クリエイティブな活動に専念していることがあります。周りの人の生活にも潤いを与えてくれます。

素敵になれるヒント

自分だけが不幸を背負っているとか、悲劇の主人公のように思えるとき、あなたは自分自身の感情に飲みこまれそうになっています。その感情は空想の中で膨れ上がり、自己憐憫や自己陶酔で彩られるでしょう。

その時々の気分や感情はどうであれ、やるべきことをやるといった課題中心的な態度を養いたいもの。そのためには規則正しい生活が役立ちます。自分を客観視し、感情や気分に飲み込まれず、うまくコントロールできるようになれば、あなたは本当の個性を発揮できる人になるでしょう。

仕事の向き不向き

自分の個性やオリジナリティが大事にされる職場や何か自己表現につながる仕事につくのが理想。趣味がそのまま仕事につながっていくとよいでしょう。

現実にはそういったことはなかなか難しいかもしれません。そういう場合は、仕事は生活のためと割り切って、仕事以外の趣味や創作活動などに自己表現の場を求めていくのもいいでしょう。自分は会社勤めなど向かないと感じていても、平凡な職場で日々たんたんと仕事をすることは、仕事以外の時間を充実させ、自分の本当にやりたいことをやるため生活の基盤になりうるものです。

自分の世界を大切にするなら、仕事は単純労働で生計を立てるという選択もありうるわけです。ただ、仲間意識が強く、みんなが一丸となって働いている職場や、就労時間以外にも社内の人間との付き合いが多く、飲み会などへの参加を強要されるような職場は不向きといえるでしょう。

あなたの適職

コピーライター／作詞作曲家／デザイナー／詩人／歌人／小説家／演劇人／フリーランス／個人経営の会社／子ども相手に稽古事を自宅で教える仕事など

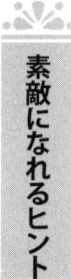

E
タイプ

あなたの基本情報は…

専門家タイプ

専門家タイプ はこんな人

・冷静で控えめ
・論理的な思考ができる
・客観的で観察力がある
・集中力がある
・知的探究心が強い
・革新的な考え方ができる

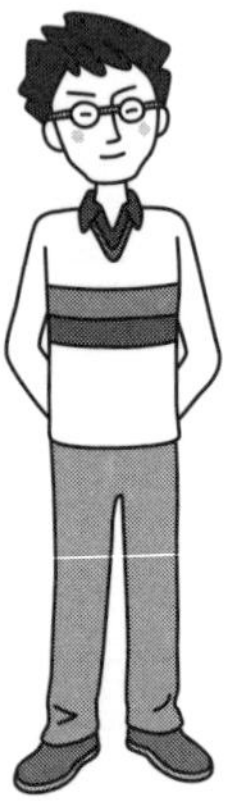

ポジティブ面

あなたは理性的で、物事を冷静に、客観的に見ることのできる人。余計なことは言わず、賢い人といった印象を与えることもあります。

周りの人がやっていることに自分は参加せず、少し距離を置いたところから眺めているようなところがあります。自分を取り巻く世界がどのようになっているのかを知ろうとする知的探究心があります。

集中力があり、研究熱心で、興味を持った事に関しては、とことん追求していく粘りがあります。何事も論理的に筋道立てて考えようとするでしょう。既成の価値観やものの見方にとらわれず、自分の頭で納得できるまで考えます。世の中の常識や固定観念を覆すような、まったく新しいアイデアやひらめきがあり、周りの人をあっと驚かせるようなことがあります。

人に煩わされるよりは、機械やモノ、動物、自然を相手にしているほうがいいといったタイプです。

ネガティブ面

何事も頭で納得しなければ気がすまないあなた。自分が興味を持っている世界のことはとことん追求しようとしますが、それ以外のことには無関心で、興味の範囲が狭く深くなりがちです。

細かいところにこだわりすぎて、全体が見えなくなりがち。人付き合いに苦手意識があり、他人の気持ちを理解しようとせず、思いやりにかける面があります。そのため、冷淡で無感動な印象を与えることもあるようです。

　自分の持っている知識や情報を溜め込み、他人に分け与えないようなケチな面があります。

素敵なところ

聡明で頭が切れます。知的で有能、冷静沈着、きわめて理性的。並外れた集中力と思考力、インスピレーションがあります。

　邪念や邪心がなく、物事の真実を映し出す透明な心を持っています。固定観念や偏見、政治的な偏りなどがなく、周りの人は誰でも、この人の判断力を信頼することが出来ます。

素敵になれるヒント

リアルな生活であまり人と会わず、一人の世界に閉じこもる時間が長くなってきたら、自分のライフスタイルを見直してみた方がよさそうです。

　日常生活を忘れるほどの、専門や趣味の世界に引き込まれ、現実から遊離した状態になっていませんか？人から離れれば離れるほど、ますますリアルな場面で人と関わるのがおっくうになっていきます。

　友達づきあいなどリアルな人付き合いを大切にしましょう。五感を活性化させるために、外の空気に触れ、散歩や軽い運動をするなど、体を動かすことも必要でしょう。

仕事の向き不向き

　自分が専門としていることが評価されると、やりがいを感じます。自分の知識や技術を生かせる研究職や専門技術職が向いています。他人に煩わされず、やりたいことに集中できる静かな環境がよさそうです。

　時間的にも、空間的にも人から離れて、自分の仕事や専門分野に専念できるスペースが与えられると、仕事ははかどるでしょう。人をまとめていくマネジャーのような仕事にはあまり興味がなさそう。人よりものや機械、ＩＴ関連、動物などとかかわることを好むでしょう。

　対人関係での気配りが必要とされるような仕事や、一人になれる時間や空間がなく、つねに他の人たちと一緒に過ごさなければならないような職場は不向きです。時間で区切られ、集中力が妨げられるような働き方はストレスになるでしょう。

あなたの適職

研究職／専門技術職／システムエンジニア／衛生検査技師／薬剤師／獣医／図書館司書／博物館・美術館のスタッフ／パソコン・インターネット関連の仕事／カメラやパソコン、オーディオ機器の販売店店員／アニメーター／評論家など

F タイプ

あなたの基本情報は…

義務遂行タイプ

義務遂行タイプはこんな人

- 協調性があり人に合わせる
- 仕事が正確で信頼される
- 自分のグループに誠心誠意尽くす
- 家族や友人を大切にする
- 上下関係を重んじる
- 慎重かつ大胆

ポジティブ面

あなたは協調性があり、人との調和を大事にする人。周りから自分が何を期待されているかを敏感にキャッチできます。

自分が所属する組織や団体の一員として誇りを持ち、その組織や団体のためによく働きます。自分に与えられた義務や責任をきちんと果たし、世の中のルールや決まりごとに従います。

尊敬できる師や人生の導き手を求め、よりどころとなる信念や信条に従って行動します。また、上下関係や立場を考え、相手との関係によって、ふさわしい態度をとろうとします。

何事にも慎重で、注意深く、行動に移る前に、安全かどうかを確認するような人です。しかし、いざというときには、誰よりも勇敢に行動することも。慎重なところがある反面、大胆にもなりうる人です。起こりうるすべての問題を想定し、問題が起きる前に防衛策を考えるような、危機管理能力が発達しています。

ネガティブ面

迷うとなかなか決断できないあなた。自分でも優柔不断な面があると感じているのではないでしょうか。。自分の意見や考えを持たず、周りの人の意向をうかがい、行動するようなところも。自分の外に権威となるものを求め、その権威に従おうとします。

不安にかられやすく、不安になると意味のない行動に駆り立てられ、右往左往しがちです。人に対しては猜疑心が強く、疑い深いところがあります。表向きは相手に合わせていても、なかなか人を信用しません。

自分たちとは異なる価値観を持つ人々や異質なものを受け入れることができにくい面があります。

素敵なところ

守るべきもののために行動し、自分の任務に忠実です。人間的には誠実で家族や友人、同僚、上司部下として、信頼に足る人物です。

慎重であると同時に勇敢な面があります。自分の義務を果たすため、危険な任務も厭いません。

自分のためではなく、守るべきもののために自分を捨て、英雄的な行為に出ることがあります。

素敵になれるヒント

疑い深いところのあるあなた。人に対して苦手意識を持つことも多そう。相手が自分のことを嫌っていると思うとき、相手に脅かされているように感じるときは、意識して自分の態度を振り返ってみましょう。あなたのほうが、その人を敵視していませんか。

試しに、積極的にその人に近づいてみてください。恐れは空想に過ぎず、関係が好転し始めるでしょう。もっと、自分を信じてもよいでしょう。心配事があるとき、誰かに相談したいなら、いちばん信頼できる人に相談しましょう。

仕事の向き不向き

自分の義務や責任をきちんと果たすあなたは、どんな職場でも誠実に仕事ができるでしょう。安定した会社や団体、公的組織の一員として働くのがいいでしょう。そういった組織や団体の一員であるという自覚が仕事への誇りや使命感をもたらすでしょう。

命令系統がはっきりしていて、上からの指示通りにやらなければならない仕事や、ルールや規則に従い、マニュアルにのっとってやる仕事が向いています。義務に忠実で、几帳面なところがあり、自分に与えられた仕事はきちんと正確に仕上げます。

たえず変化にさらされ、不安定な状況にあるような職場や仕事は向きません。その場その場で、自らの裁量によって臨機応変の行動を取らなければならないような仕事は苦手でしょう。

あなたの適職

安定企業の会社員／公官庁勤め／警官／消防署員／伝統芸能の世界／アイドル／タレント／モデル／スタイリスト／ホテルスタッフ／秘書／税理士／スポーツトレーナーなど

Gタイプ

あなたの基本情報は…

楽天家タイプ

楽天家タイプはこんな人

- **好奇心旺盛**
- **明るく社交的**
- **ポジティブシンキング**
- **いつも活動的**
- **アイデアが豊富**
- **頭の回転が速い**

ポジティブ面

あなたは根っからの楽天家。明るく社交的で、好奇心旺盛。何事にもポジティブで、常に物事の明るい面を見ようとします。遊び心があり、好きなことには熱中しやすく、人生を大いに楽しむことのできる人です。

フットワークが軽く、楽しい冒険を好みます。出会った人とはすぐ友達になれ、誰とでもこだわりなく付き合えます。頭の回転が速く、すぐに切り替えができ、幾つかのことを同時にやれる器用さも持ち合わせています。

アイデア豊富で、頭の中では次々と新しいことを考え、いろんな計画を立てています。場を盛り上げることが得意で、自分が楽しむと同時に、周囲の人を楽しませ、元気づけることができます。いつも未来の明るい可能性にかけているので、どんなときにも希望を失いません。

ネガティブ面

面白そうと思ったことは何でもすぐやってみるけれど、熱しやすく覚めやすい面があります。

集中力、忍耐力に欠け、物事がなかなか長続きしません。一つのところにじっとしていられず、落ち着きがありません。アイデアは豊富ですが、実行力に欠け、アイデア倒れ、計画倒れになりやすい傾向があります。

嫌なことは避けて通ろうとし、自分だけよければいいという発想で、無責任なところがあります。また、困難な現実からは目をそらし、辛いことや苦しいことは見ないようにしています。そのため、対人関係は広く浅くなりがちです。

素敵なところ

明るく陽気で、軽やかなところがあります。自由で若々しく、無邪気。遊び心にあふれています。常にポジティブシンキングで、未来への希望と夢にあふれ、周りの人を元気づけてくれると同時に、いまの人生を楽しむすべを教えてくれ、幸せな気分にさせてくれます。

素敵になれるヒント

頭の回転が速いので、いまやっていることより先のことに意識が向かいがちです。いまここから意識が離れていきそうになったときは、その意識をひきもどし、いまここでやっていることに集中しましょう。

おしゃべりなあなたは、自分ばかりがしゃべって人の話を聞いていないところがあるので、少し自分の話はおいて相手の話に耳を傾けるようにしたいものです。いやなことを避けて通ろうとせず、責任を持って引き受けることで周囲からの信頼が得られます。

また、自分に都合の悪いことを屁理屈でごまかさず、しっかり責任を引き受けましょう。

仕事の向き不向き

人を楽しませると同時に自分が楽しめるような仕事であったり、遊びのような仕事や仕事と遊びの区別がつかないような仕事が向いています。

あまり規則にうるさくなく、比較的自由に動き回われ、たくさんの人との出会いが期待できるような仕事がいいでしょう。いろんなアイデアを出して、それを企画にまとめるような仕事も向いています。あなたにとっては、仕事も楽しくなければというところがあり、「仕事って楽しい」「楽しいからやっていたらいつの間にか仕事になっていた」というのがいちばんの適職です。ひとつの職業にこだわらず、ジャンルの違ういろんな仕事を経験する人もいます。

単調な仕事や変化に乏しい環境、時間的な拘束や規則での縛りが強く、自由に行動できる余地のない職場は向かないでしょう。また、プレッシャーが強すぎたり、責任の重い仕事はやりたがりません。

あなたの適職

イベント企画／ゲーム開発／タウン誌編集／旅行会社添乗員／スポーツインストラクター／お笑い系タレント／エンターテイメント系俳優・女優／ショップ店員／派遣社員など

Hタイプ

あなたの基本情報は…

親分・姉御タイプ

親分・姉御タイプはこんな人

- 決断力や実行力がある
- 自信にあふれている
- 本能的直観力に富む
- リーダーシップを発揮
- 表裏がなく率直
- リスクの高いことに挑戦する

ポジティブ面

あなたはエネルギッシュで意志が強く、決断力、実行力のある人。自分の人生は自分で切り開くといったところがあり、チャレンジ精神旺盛です。リスクの高いことにも果敢に挑戦します。

むしろリスクがある方がやりがいを感じるでしょう。何事も自分の力でコントロールしようとします。全体を把握して、その場を仕切り、人や物事を動かすことができます。その意味でリーダーシップを発揮することのできる人です。

人に対しては裏表がなく率直で、誰に対しても同じ態度を取ります。自分より力の強いものにも立ち向かっていくところがあり、権威に屈することがありません。

人に頼られると放っておけず、面倒見のよいところもあり、親分肌・姉御肌で、周りの人を受け入れます。社会で少数者として差別を受け、虐げられているマイノリティへの共感が強く、そういった人たちの味方になります。

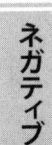

ネガティブ面

気が短く、忍耐力に欠けています。発想が短絡的で、物事を単純化しすぎる傾向があります。人に対しては初めから、挑戦的で敵対的な構えを見せ、喧嘩っ早いところもあるようです。他人の事情や他人の気持ちを顧みようとせず、力づくで自分の意思を押し通そうとします。

自分がボスになりたがり、偉そうな態度で周りの人を従わせようとすることも。必要以上に強がっているところがあり、わざとひんしゅくを買うような不謹慎な事を口にしたり、思ったことをずけずけ言って、怖がらせたり傷つける可能性があります。

素敵なところ

タフで行動的、自分は強いという自覚を持ち、その力を的確な場面で発揮します。恐れを知らず、他の人がひるむようなことにも果敢に挑戦します。

極めて自立的でいながら、中心的な人物となり、物事を動かしていきます。二心が無くストレートで純粋。敗者を保護し、弱者を守ります。

素敵になれるヒント

あなたは自分で思っているよりもずっと傷つきやすい人。傷つくのが嫌なので、初めから心に鎧を着けて、強がっているのです。

本当は子供のような純情を胸の内に秘めているところがあります。強がりを捨てて、もっとリラックスした態度で、人に接すると自分が思っている以上に周りの人から慕われるでしょう。力づくで物事をやろうとせず、流れにまかせてみるのもいいのでは？時には人に従い、人のやり方にまかせてみるのもいいでしょう。その方が、思っていたことがスムーズに、うまくいくことがあります。

仕事の向き不向き

リスクは大きくても、挑戦しがいのあることに意欲を燃やすでしょう。また、バイタリティがあり、ハードワークも体力でこなせます。そのため、ある程度プレッシャーを感じる仕事にやりがいを感じます。自分がその場を仕切り、人や物事を動かしていくことが面白いと思っています。

大きな組織の歯車であるよりも、小さくても自分で軒を構える方が性に合っているため、すべてを自分の責任で請負い、自分の裁量でやれるような仕事が向いています。

あなたにとって、仕事は自立のための手段。それゆえ、やったらやっただけの報酬を得ることは非常に重要なことです。報酬と結びつかないボランティア的な仕事は、最初からやる気がしないでしょう。

固い組織や保守的な職場は向きません。常に上からの指示通りにやらなければならない仕事やマニュアルどおりに行わなければならない作業は苦手です。

あなたの適職

自営業／フリーランス／個人経営者／起業家／格闘家／指導者／トラック運転手／現場監督／映画監督／オピニオンリーダーなど

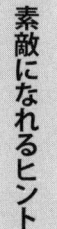

I
タイプ

あなたの基本情報は…

癒し系タイプ

癒し系タイプ はこんな人

- **人に対して寛容**
- **ゆっくりしていて落ち着きがある**
- **場の雰囲気を和ませる**
- **争いごとの調停役になれる**
- **人の話の聞き役になれる**
- **気が長い**

ポジティブ面

何事もなく、平穏無事であることを望んでいる人。素朴で飾らず、周囲の人をほっとさせる独特の温かみがある人です。おそらく、あなたがいるだけで場の雰囲気が和むでしょう。

人の話にじっくりと耳を傾け、相手の言うことを否定せずに聞けるので、よき聞き手、相談役になれます。好き嫌いや分け隔てなく人を受け入れます。対立するグループや派閥を超えて、誰の味方にもなれ、揉め事や争いごとの調停役となることも。物事を丸くおさめ、平和的な解決をはかるためのネゴシエーターとなれる人です。

何事も手をつけるまでには時間がかかりますが、いったん動き出すと大きな力を発揮し、粘り強くやり遂げることができます。他の人よりも長い時間感覚で物事をとらえています。

ネガティブ面

変化や刺激を好まず、何事も起こらないのが一番という事なかれ主義者。自分から積極的に行動しようという意欲に欠け、決まりきったことをだらだらと続けていくような生活に陥りがちです。物事を過小評価し、何につけ「たいしたことない」とみなしがち。人間関係は、内面の平和と安定をかき乱されるのが嫌で、なるべく葛藤を避けようとします。

自分からは何も主張せず、他人の意見に同調します。たいていのことは人に合わせますが、感情がこじれると、頑固に何もしないという形で抵抗を示し、他人に関心を示さなくなります。

素敵なところ

温かく、受容的で、どんな人をも分け隔てなく受け入れます。誰に対しても友好的で、対立するものを融合し、一つにまとめることができます。争いではなく平和をもたらす人で、物事を平和裏に解決することができます。

人の心を落ち着かせ、傷ついた心やコンプレックスの強い人の心にも、安心感と癒しをもたらします。

素敵になれるヒント

自己評価が低めのあなたは、自分自身のことを大した人間ではないと思いがち。でも、自分で思っているより能力もエネルギーもあるはず。「面倒くさい」と思う心の癖を乗り越えて、具体的に目標を定めて動き出しましょう。

人付き合いは、自分のやりたくないことにも「イエス」といい、表面的に人に合わせたり、人の言いなりになり始めたら、意識して自分を振り返ってみましょう。その態度はかえって面倒な結果を引き起こすことにもなりかねません。やりたくないことには、はっきり「ノー」と返事をした方が自分にも相手にも親切です。

仕事の向き不向き

時間的な制約が少なく、マイペースでやれる仕事が向いています。いったん動き出せば、長続きし、持続力を発揮でき、時間のかかる仕事を飽きて投げ出すことなくやっていけます。仕事や生活環境は、自然と触れ合う生活ができる素朴な田舎暮らしが向いています。また、どんな人も受け入れることができるので、人と人とを結び合わせるきっかけを作る仲人的な仕事や、面倒な揉め事を丸くおさめる役割にその資質を発揮する場合もあります。独特の温かさから、人の悩みを聞く仕事や癒しに関連する仕事も向いているようです。

あまりノルマの厳しい仕事や間近に締め切りが設定されているような仕事、変化の激しい職場は向きません。機転をきかせたり、気のきいた対応を求められる仕事も不向きと言えるでしょう。

目に見えて実績をあげている人だけが評価され、競争心が駆り立てられているような職場は居心地がよくないでしょう。

あなたの適職

人材派遣業／仲人業／ネゴシエーター（交渉人）／園芸家／造園業／農業／動物園の飼育係／トリマー／保育士／小児科医／指圧師／整体師／メルヘン作家など

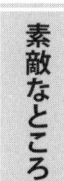

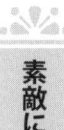

彼・彼女・友人との相性を知ろう

あなたのライフスタイルから、彼・彼女・友人との相性を探りましょう。

～診断方法～

1

次の117~119ページのテスト①②③について各項目で、あなた自身に当てはまるものをAの□にチェックしましょう。

2

Bの□にはあなたの彼・彼女、友人など、相性が気になる人を思い浮かべ、その人について当てはまる項目にチェックを入れてください。あなたがわかる範囲で、相手のことをチェックしても、本人にやってもらってもOKです。

3

テスト①②③のうち、いちばんチェック数が多かったところがあなたもしくは、あなたの恋人や友人のタイプとなります。チェックが終わったら120～121ページの診断を読んでください。チェックが同数になった場合は、どちらの診断がよりしっくりくるかで判断してください。

判断に迷う場合は、混合タイプとみなし、後の相性診断では複数の箇所を参考にしてください。

テスト①

		A	B
Q.1	就寝・起床時間はほぼ規則正しく、休日でも大体同じ時間に寝て起きる。	□	□
Q.2	出入りする店や自分がいる部屋の温度や湿度、換気、音、匂いなどがよく気になる。	□	□
Q.3	毎日の食事の時間は、いつもほぼ同じで、時間になれば他のことはおいて食事する。	□	□
Q.4	家にいるのが快適で、休みの日などもあまり出歩かず、家にいることが多い。	□	□
Q.5	お金やモノはムダ使いせず、いざという時のためにストックし、貯金してある。	□	□
Q.6	遠出するときは、予備の衣類や雨具、常備薬、ちょっとした飲食物などを忘れずに持参する。	□	□
Q.7	自分からはあまり人に連絡しない。返事をするのも億劫でなかなかできないときがある。	□	□
Q.8	食べ物や出入りする店は新しいところや珍しいものよりも、慣れ親しんだ所やものがよい。	□	□
Q.9	人前に出ると気後れするので、大勢の人が集まる場所にはあまり出かけたくない。	□	□

テスト②

		A	B
Q.1	懇親会などでは、多くの人と知り合えなくても、誰かひとりと深い話ができればそれで満足だ。	□	□
Q.2	仕事や作業に集中したいときは、好きなBGMがかかっていると気が散るので、ないほうがいい。	□	□
Q.3	初対面の人でも話が合えば、何時間でも話し込んでしまうことがある。	□	□
Q.4	集まったメンバーの顔ぶれを見て、面白そうな人がいないと、退屈で帰りたくなる。	□	□
Q.5	ひとつのことに熱中すると、食事や寝る時間も忘れてそのことに打ち込んでいる。	□	□
Q.6	グループで活動したり、複数の友達と会うより、気の合う人と一対一で会う方がいい。	□	□
Q.7	何かひとつのことで頭がいっぱいになり、そのこと以外に関心が向かなくなることがある。	□	□
Q.8	夢中だったことや人のことが、ある時魔法が解けたように色あせて見え、ときめきを感じなくなってしまうことがある。	□	□
Q.9	たとえ生活は安定していても、単調な生活や毎日同じことをするのは耐えられない。	□	□

テスト③

		A	B
Q.1	同窓会やOB(OG)会などの集まりには、誘われれば都合がつく限り出席する。	□	□
Q.2	誰にでも気軽に挨拶でき、店員や受付の人などとも普通に世間話や雑談ができる。	□	□
Q.3	複数のグループやサークルに参加し、どこに行ってもそのなかに親しい人がいる。	□	□
Q.4	自分が所属している会の会費などは出し惜しみせず、納めている。	□	□
Q.5	みんながいる場所で、ひとりの人につかまり、長く話し込まれると落ち着かなくなる。	□	□
Q.6	幹事や世話役などを頼まれたら、快く引き受ける。	□	□
Q.7	サークルや何らかのグループ活動に参加し、家にいるより外で活動している時間が長い。	□	□
Q.8	周囲の人間関係で、誰がどんな地位や役割を担い、誰と誰がどんな関係にあるかだいたい把握している。	□	□
Q.9	イベントなどに出かけるたびにSNS(ソーシャル・ネットワーキング・サービス)などでつながる友達がどんどん増えていく。	□	□

～診断結果～

117～119ページのテスト①②③で、チェックのついた数が一番多かったところがあなたのタイプとなります。

このテストではあなたの生活習慣の根底にある本能的な欲求を探りました。本能的な欲求には自分の身の周りの快適さを求める「自己保存欲求」、セクシャルで刺激の強い魅力的なものを求める「性的欲求」、周りの人とのつながりを求める「社会的欲求」の3つがあります。どの欲求を満たすことにいちばん関心が強いかでその人のタイプが決まります。

各タイプ別の相性診断は122ページへ！

テスト①がいちばん多かった人は…
自己保存タイプ

あなたは自己保存欲求が強く、自分の身の回りの快適さを求める人です。

自己保存本能とは個体の生命維持に関する本能のこと。動物は、生きていくために、食べ物を求め、外界の脅威や外敵から身を守るために安全なねぐらを求めます。現代では、それは衣食住へのこだわりとなって表われます。自己保存タイプの人は、行動半径が狭く、変化の少ない習慣化された生活を好みます。人付き合いも少なく、家族や身内との付き合いのほか、昔から付き合いのある友人が数人という人も。暮らしぶりは地味で堅実です。

テスト①でチェックが一番少なかった人は、身の回りのことにあまり注意を払わない人です。

衣食住に関することに無頓着で、規則正しい生活ができず、自己管理が苦手です。食事や寝る時間が不規則、片づけられない、お金が溜まらないなど、ちょっと子供っぽい人かもしれません。

このタイプの特徴

- 家族や身内との付き合いが中心
- 人づきあいが苦手
- 倹約家
- 友達は数人程度でいい

テスト②がいちばん多かった人は…

性的タイプ

あなたは性的な本能が活性化しているタイプ。常にわくわくドキドキ感を感じていたい人です。自分を生き生きとさせてくれるような刺激を求めています。

性的本能とは、もともと発情期のオスとメスが求め合うような本能。人間の場合、性的本能とは魅力的なものに惹きつけられ、その対象と一体化しようとするエネルギーです。それは人が何かに打ち込む時の情熱の源でもあります。あなたは興味をそそられる体験や魅力的な人との出会いに期待し、刺激と変化のある毎日を送りたい人なのです。

逆にテスト②でチェック数がいちばん少なかった人は、何事にもあまり情熱が湧かない人。我を忘れて何かに夢中になるということがなく、わくわくドキドキ感を感じることが少ないようです。はたからはあまり覇気のない人に見られます。恋でも、何をするにも「燃えない」タイプで、濃厚なものや強烈なものが苦手です。

このタイプの特徴

- 1対1で話すのを好む
- 好奇心が強い
- 「キャラが濃い」という印象がある
- 常に刺激を求めている

テスト③がいちばん多かった人は…

社会的タイプ

あなたは社会的な欲求が強く、外の世界に関心が向いています。人とのつながりを求め、社会の中の一員として行動しようとします。社交性があり、周りの人とは誰とでもフレンドリーに接することができます。

自分が属する組織や集団の中で、自分の役割や責任を果たそうとし、1対1の個人的関係よりもむしろグループに属し、グループでの付き合いを大切にします。フットワークが軽く、いろんな活動に参加し、人とのつながりを自分が生き残るためのリソース(資源)にしていきます。

逆にテスト③でチェックがいちばん少なかった人は、社会性に乏しい人のようです。人前に出ると気後れし、人と親しくなるのに時間がかかるでしょう。人とのつながりに乏しく、引きこもりがちになってしまいます。人付き合いの苦手意識があると、ますます非社交的になり、引きこもりぎみになってしまうことも。

このタイプの特徴

- よく出歩く
- 誰とでもフレンドリーに付き合う
- 役員や世話役をよく引き受ける
- いろんなところに知り合いがいる

①自己保存タイプ×①自己保存タイプ

友達との相性

お互いに数少ない友達同士として、**長い付き合いになりそう**です。大きな変化を求めず、堅実な暮らしをしている二人ですので、特に見栄を張る必要もなく、一緒に食事をしたり、お茶を楽しんだりと、ゆっくりとした時間を過ごせるでしょう。

自分からマメに連絡を取るわけではなく、かといって忘れているわけでもなく、たまに会っても以前と変わらない付き合いができます。会うときは、「いつものあの場所（お店）で」と、決めており、慣れ親しんだ場所にすることでお互いが落ち着くのです。だからこそ大事に付き合っていきたい相手。親友と呼べる間柄になれるでしょう。

恋人・結婚相手との相性

お互いに恋の情熱は低め。ぱっと燃え上がるような恋ではなく、なんとなくいいなと思って付き合い始めるような感じです。

どちらもあまり積極的ではないので、恋人同士になるまで時間がかかるかも。**付き合い始めれば長続きするでしょう**。ふたりともあまり出歩かず、家にいるのが快適なので、デートの場所はたいていいつもと同じです。

決まった相手がいれば、面倒な手続きを踏まずに、性的な欲求も満足できそう。結婚すれば、堅実な家庭を営んでいけるでしょう。ただ、ふたりとも社会性に欠ける場合があるので、もう少し積極的に周りの人とかかわりましょう。

相性アップのヒント

活動範囲や交友関係の狭い二人なので、あなたから積極的に働きかけましょう。

友達の場合は**あなたから連絡して相手を誘い出し、お互いの刺激になるような体験を共有**しましょう。

カップルの場合は、共通の友人・知人を持ちたいもの。自分たちの家などに以前からの付き合いがある友達を招いて、ホームパーティなどするとよいでしょう。出歩くのが好きでなくても、家に人を呼ぶことならできるでしょう。お互いの友人を同時に呼べば楽しい時間を過ごせるでしょう。それがふたりの社会性を育むカギになるはずです。

②性的タイプ×②性的タイプ

友達との相性

人生に刺激を求め、いつもわくわくドキドキ感を感じていたい二人。外に出れば何か面白いものはないかと本能的にレーダーを働かせています。魅力的なものや人に引き寄せられていくエネルギーは同じ質のものです。

そんな二人が出会い、ぱっと目が合えば、即座に友達になれそうかどうかがわかるもの。二人は**すぐに意気投合し、本音で語り合える**友達になれます。

会うときは、いつも一対一がよく、ほかに誰かが加わると、話の内容が薄まってちょっと退屈にさえ感じるかも。相手が自分以外と親しくしているのを知ると、恋愛相手でもないのに、なんとなく面白くない感じがしてしまいます。

恋人・結婚相手との相性

お互いに相手を魅力的と感じれば、目と目が合って恋の火花が散るでしょう。二人とも一目ぼれしやすく、磁石で引き寄せられるように近づいていきます。恋の情熱が高まり、**お互いに身も心も結ばれ一つになりたいという気持ちが強くなります。**

誰にも邪魔されない二人きりの時間は最高に幸せと感じるけれど、恋の情熱はやがては冷めるもの。あるとき急に、相手に魅力を感じなくなってしまうことがあります。好きな人といつも一緒にいたいというのが結婚の理由ですが、結婚すると情熱が冷め、あれほど好きだった人と一緒にいるのが退屈になるということもありそうです。

相性アップのヒント

二人に欠けているのは、持続的な友情や、相手を育てていく心の余裕と堅実さです。友達の場合は、会えばいつも刺激が得られるでしょうから、とくに問題はありません。

カップルの場合は、ずっと二人きりで向き合わず、**共通の友人知人やグループでの集まりにも顔を出してみましょう。**二人きりの時には見えてこなかった、相手の顔や性格の側面が見えてくる場合があります。周りの人が二人のことをどう見ているかということが、相性を確認するためのヒントになります。また、相手があなたにふさわしい人かどうかは、周りの人の方が見抜く目を持っている場合があります。

③社会的タイプ×③社会的タイプ

友達との相性

二人とも交友関係が広く、他にもたくさんの友人知人がいるのでは。つながりが大事で、**友人知人を紹介し合うなどして、より幅広い人間関係を作っていくことができそうです**。いつ会ってもフレンドリーで、互いに役立つ情報を交換でき、付き合いそのものが財産になっていきます。

その一方で、本音で語り合うことがなく、お互いのプライバシーにはあまり深入りしません。そのため、お互いのことをそれほど深くは知らない関係に終わるかも。両方が仕事や生活がうまくいっているときには友達でありえても、うまくいっていないときには、なんとなく遠ざかってしまう可能性もあります。

恋人・結婚相手との相性

社会性のある二人は、何らかの活動を通して知り合い、共通の友人知人がいることが多いでしょう。グループ交際でお互いに相手に近づき一対一の付き合いに発展しそう。**自分が属する社会や集団の価値観になじまないような相手は、結婚相手としては考えられません。**

結婚も社会的なものという意識が強く、家族や周りの人にも受け入れてもらえそうな相手を選ぶ二人です。もし、二人が結婚して、それぞれの人間関係や活動にエネルギーをつぎ込んでいる間に気持ちが離れてしまったとしても、周りの人や社会に向けては一致協力して、仮面夫婦を続け、うまくいっているように見せかけるかもしれません。

相性アップのヒント

友達同士の場合はSNS（ソーシャル・ネットワーキング・サービス）でつながり、いつでもお互いの活動をチェックし、つながりをキープしていけるでしょう。

カップルの場合、二人に欠けているのは、一対一でゆっくりと過ごす時間です。お互いにかけがえのない存在であることを確認するためには、**自分の気持ちや悩みについて心の深い部分で語り合うことも必要になってきます。**

日々の生活の中で、悩みごとなどについて話せるような雰囲気づくりや、何気ない時間を共有できるゆとりを持つようにしましょう。そうすれば仲はいっそう深まるでしょう。

①自己保存タイプ×②性的タイプ

友達との相性

自己保存タイプから見れば、性的タイプの人は個性が強く、濃厚な感じで、ちょっぴり圧倒される存在のはず。逆に、性的タイプには、自己保存タイプの持っているエネルギーや雰囲気は地味で退屈そうな人という印象です。

友達になれば、**一対一での付き合いになることが多いでしょう**。二人が会うと、自己保存タイプは周りの環境を気にしがちですが、性的タイプの人は深い話ができれば、そういったことはあまり気になりません。話が盛り上がっていても、自己保存タイプの人は時間を気にして、性的タイプの人は今一つ充実感を得られないまま帰るということになるかもしれません。

恋人・結婚相手との相性

自己保存タイプにとって、性的タイプは少し圧倒されそう。性的タイプは自己保存タイプと目が合わなければ、最初は気になる相手ではないかも。

二人がカップルになれば、好きになった相手と親密な時間を持ちたいと思う性的タイプは、自己保存タイプが自分ほど情熱的でないことに、不満を感じるかもしれません。ふたりが結婚すれば、**自己保存タイプは家庭的な人になり、堅実な生活を送ろうとするでしょう**。けれども、**性的タイプは**、そのことで別に文句はないはずなのに、常に愛し合っている実感が得られなくなり、結婚生活がつまらなくなり、**ほかにわくわくドキドキを求めていくかも**。

相性アップのヒント

友達同士の場合、性的タイプは、自己保存タイプの友人に刺激を与えてくれるいい友です。性的タイプは熱中すると、自己管理ができなくなりがちなので、自己保存タイプは性的タイプの友人の身の回りのことを気遣ってあげるとよいでしょう。

カップルの場合は、**お互いの違いを理解し合うことが必要**。自己保存タイプは相手との親密な時間を大切にしましょう。性的タイプは自己保存タイプの堅実さが、自己管理のできない自分を安定した生活に引き戻してくれていることを知っておいたほうがいいでしょう。関係をマンネリ化させないよう、新鮮な気持ちで関わりましょう。

①自己保存タイプ×③社会的タイプ

友達との相性

自己保存タイプと社会的タイプの人は、**友達になりにくいかもしれません。**それは、自己保存タイプと社会的タイプの人では人付き合いの仕方が異なり、二人は交友関係の持ち方に大きな違いがあるからです。

例えば、みんなで集まるというとき、自己保存タイプは以前から親しい数人の友達がいれば良いのですが、あまり大勢だと気後れしてしまいます。

一方、社会的タイプの人は、その場にいる人とはなるべくみんなと広く同じ距離感で付き合おうとします。自己保存タイプの人は、そもそもそういうつながりを築く場所に出掛けていくこと自体が苦手なのです。

恋人・結婚相手との相性

自己保存タイプと社会的タイプが出会えば、**積極的にアプローチしていくのは社会的タイプ**。付き合うようになると、社会的タイプは自己保存タイプの恋人を友人や仲間に紹介しようとします。しかし、人付き合いに苦手意識を持ちがちな**自己保存タイプは、そういう付き合い自体を億劫に感じてしまいます。**

もし二人が結婚し、男性が社会的タイプで、女性が自己保存タイプなら、男性は外で仕事や付き合いがあり、女性は家にいるのが快適で、結婚生活が成り立っていくかもしれません。逆の場合、外での活動時間が多く、知り合いの多い妻に、夫は家にいるよう強要し、束縛しがちになるかもしれません。

相性アップのヒント

自己保存タイプの場合は、社会的タイプの友人を持つことがとても大切です。社会的タイプの友人の誘いで、狭くなりがちな人間関係や活動範囲が広がるでしょう。社会的タイプにとっても、堅実な自己保存タイプの友人の変わることのない友情は信頼のおけるものとなります。

カップルの場合、**交友関係やライフスタイルなど、お互いの違いを理解し合うことが第一**。自己保存タイプは、社会的タイプの恋人が自分を外に連れ出したら快く応じましょう。社会性や対人関係スキルが向上します。社会的タイプは、自己保存タイプと静かに過ごす時間を大切に。友人たちとのホームパーティなら、お互いの欲求バランスが取れます。

②性的タイプ×③社会的タイプ

友達との相性

性的タイプは社会的タイプが、自分のことを多くの友人の中の一人にすぎず、本当に友達と思っているかどうかはわからないと感じてしまうことがあります。しかし、社会的タイプは他の人たちともそういう距離の取り方をし、みんなを友達だと思っているはずです。

社会的タイプの人は、一対一での会話が長く続くと、相手のエネルギーを強すぎると感じ、気づまりになるでしょう。二人の関係はおのずと、**社会的タイプの距離感に性的タイプが合わせることによって、うまくいっています**。性的タイプの人は社会的タイプの友人を通じて知り合ったほかの性的タイプの人と、より親しい友達になることがあります。

恋人・結婚相手との相性

性的タイプは恋人と一対一の二人きりの**濃密な時間を多く持つことで愛が深まると感じています**。でも、**社会的タイプ**は他の**友人や仲間と付き合う時間も大切にしたいと思う**でしょう。また、社会的タイプが、他の友人との約束や仕事その他の活動を優先しようとすると、性的タイプはそれを愛がないからだと思ってしまうかもしれません。

結婚生活も同じで、社会的タイプは外での活動や人間関係にエネルギーを注ぐでしょうが、親密さを求める性的タイプのパートナーは、どこか気持ちが触れ合っていないような気がして孤独を感じるでしょう。それは二人のライフスタイルの違いからくるものです。

相性アップのヒント

あなたが社会的タイプなら、性的タイプの友人は、あなたがふだんあまり話せない本音の部分での会話の相手になってくれる人。また、性的タイプにとっての社会的タイプの友人は、スマートな人付き合いを教えてくれるかけがえのない友人でもあります。

恋人や結婚相手が性的タイプなら、相手の気持ちが他の異性に向かわないよう、**意識して二人の時間を持つようにすることが必要**です。あなたが性的タイプなら、**社会的タイプが周囲の人とどのような付き合い方をしているかを理解することが大切**です。そのうえで、二人きりで過ごす時間を持ってほしいということを伝えるとよいでしょう。

監修

中嶋真澄（なかじま・ますみ）

エニアグラムアソシエイツ主宰。パーソナリティ研究家、易占家、ヨガインストラクター。関西学院大学文学部大学院修士課程（哲学専攻）修了。執筆活動のほか、ＴＶ・ラジオ・雑誌・ウェブなど幅広いメディアで心理テストを出題し、好評を博している。性格タイプに関する研究に取り組み、自己理解・対人関係改善などをテーマにしたワークショップも行なっている。

著書に、『ココロの本音がよくわかる　魔法の心理テスト』（永岡書店）、『一瞬で相手の性格を見抜く技術』（PHP研究所）、『人には言えないホンネがわかる！おとなの心理テスト』（池田書店）、『9つの神秘』（主婦の友社）、『面白すぎて時間を忘れる心理テスト』『ドラマチック心理テスト』（王様文庫）など多数。

☆中嶋真澄ON LINE　http://hito.main.jp/

☆エニアグラムアソシエイツ　http://enneagramassociates.com/

☆twitter　https://twitter.com/majikanakajima

本文イラスト　河田邦広

カバーデザイン　株式会社ピーアールハウス（吉田美雪）

本文デザイン　株式会社ピーアールハウス（吉田美雪）

編　　　集　株式会社ピーアールハウス（中西章乃、志鎌和真、舟岡愛泰）

10秒でホンネがまるわかり
ブラック心理テスト

2015年12月25日　初版発行
発 行 人　笠倉伸夫
編 集 人　辻 美幸
発 行 所　株式会社笠倉出版社
〒110-8625　東京都台東区東上野2-8-7笠倉ビル
TEL 0120-984-164（営業部）
TEL 03-4355-1106（編集部）
印刷・製本　株式会社光邦
郵 便 振 替　00130-9-75686

ISBN 978-4-7730-8815-1